*Desvendando
O Segredo*

ALEXANDRA BRUCE

Desvendando O Segredo

O guia definitivo do maior
fenômeno editorial da história

Tradução
ALEXANDRE MARTINS MORAIS

Ediouro

Título original
Beyond the secret
Copyright © Desinformation Company Ltd., 2007

Copyright da tradução © Ediouro Publicações Ltda., 2008

Capa
Valter Botosso

Revisão
Argemiro de Figueiredo

CIP-Brasil. Catalogação-na-fonte.
Sindicato Nacional dos Editores de Livros, RJ.

B911d   Bruce, Alexandra, 1964-
        Desvendando o segredo : o guia definitivo do maior fenômeno editorial da história / Alexandra Bruce ; [tradução Alexandre Martins Morais]. – Rio de Janeiro : Ediouro, 2008.

        Tradução de: Beyond the secret
        Inclui índice
        ISBN 978-85-00-02289-0

        1. Byrne, Rhonda, 1955- – Crítica e interpretação. 2. Roteiros cinematográficos – História e crítica. 3. Livros e leitura. I. Byrne, Rhonda, 1955-. O segredo. II. Título.

08-0859.   CDD: 808.899285
                                                              CDU: 82-9

Todos os direitos reservados à Ediouro Publicações Ltda.

Rua Nova Jerusalém, 345 – Bonsucesso
Rio de Janeiro – RJ – CEP 21042-230
Tel.: (21) 3882-8200 – Fax.: (21) 3882-8212 / 8313
www.ediouro.com.br

Para Maria Beatriz Benetti Bensinger

Agradecimentos

Sou muito grata a Gary Baddeley por me dar a oportunidade de investigar o mundo da auto-ajuda. Isso tem sido muito intimidador e aterrorizante, mas, como costumam dizer: "vamos sempre em frente e para o alto".

Também agradeço aos produtores do fenômeno cinematográfico *O Segredo*, Rhonda Byrne, Paul Harrington e Bob Rainone, que ajudaram tantos de nós a lembrar o que é humanamente possível.

Acima de tudo, eu gostaria de expressar minha gratidão a cada um dos ilustres entrevistados do filme, especialmente Bill Harris e Bob Doyle, que foram gentis o bastante por me ajudarem pessoalmente a apresentar algumas idéias importantes em alguns capítulos deste livro. Também gostaria de agradecer ao Integral Institute de Ken Wilber, ao Divine College of Metaphysics, e a Terry Melanson e William Bloom por autorizarem a reprodução de seu excelente material.

Também agradeço a alguns outros professores talentosos não entrevistados para *O Segredo*, mas que ainda assim são muito influentes no atual mundo da filosofia estratégica e que nos inspiram a incorporar satisfação e realização a todos os aspectos de nossa vida cotidiana. Entre essas pessoas estão Ken Wilber, Stewart e Joan Emery, Sonia Powers, Janet Attwood, Scott deMoulin e Dallyce Brisbin, Jay Conrad Levinson, Chet Holmes, Jim Bunch, Gene McNaughton e especialmente Sydney Cresci e seu paradisíaco cruzeiro Make a Change Personal Life Journey. Se o compromisso com a integridade, o amor e a grandeza demonstrado por essas pessoas fosse o padrão segundo o qual todos os seres humanos se comportassem, cada canto do planeta Terra seria um paraíso.

Por fim, agradeço aos meus heróis pessoais: Demian Lichtenstein, por manter o sonho vivo, Dave Sokolin, por demonstrar grandeza todo o tempo, e a meu querubim gigante, Glen Baietti, por me suportar – e por me dar abrigo.

Sumário

Prefácio	13
1. O negócio de O Segredo	**17**
O filme O Segredo	18
A sociedade de O Segredo	20
A religião de O Segredo	21
A tecnologia de O Segredo	22
O livro O Segredo	23
O soluço com Hicks	25
2. O movimento Novo Pensamento	**29**
Wallace D. Wattles e A ciência de ficar rico	30
Cronologia do movimento Novo Pensamento	32
Supostos "Antigos mestres de O Segredo"	42
A tradução de Isaac Newton para a "Tábua Esmeralda"	45
Prentice Mulford e The White Cross Library	46
Charles Haanel e The Master Key System	47
Lei metafísica	48
Michael Beckwith e Agape	49
3. Abraham e a Lei da Atração	**53**
Napoleon Hill e Seth Speaks	54
Abraham entra em cena	55

Abraham-Hicks: Principais ensinamentos 56
A Lei da Atração 57
The Astonishing Power of Emotions 58
Reação geral a "Abraham" 61

4. O PELOTÃO DE *CANJA DE GALINHA* 63
Jack Canfield: Incansável 64
As sete grandes dicas de Jack Canfield para o sucesso 67
Lisa Nichols: O dom de inspirar e capacitar 68
Marci Shimoff: *Happy for No Reason* 72

5. OS CONSELHEIROS DE RIQUEZA
DE *O SEGREDO* 75
Bob Proctor: Sem apostas 76
Lee Brower: Empowered Wealth 78
Loral Langemeier: Esta vaqueira não fica triste! 80
John Assaraf: "O garoto das ruas" 84
David Schirmer: Gênio ou charlatão? 86

6. TECNOLOGIA MENTAL 89
Bill Harris e Holosync 90
Hale Dwoskin e o Método Sedona 96
Dennis Waitley: O explorador do potencial humano
da Nasa 100
Três regras para transformar estresse em sucesso,
por Denis Waitley 103

7. A CIÊNCIA DE *O SEGREDO* 107
Fred Alan Wolf, "dr. Quantum" 108
Iogue, magia quântica 111

John Hagelin: Presidente do Governo de Paz dos
Estados Unidos   114
John Demartini e The Breakthrough Experience   118
Questionário para a boa forma da vida total   120
A física quântica sustenta a Lei da Atração?   125

8. A MÁGICA DE *O SEGREDO*   129
James Arthur Ray e a Journey of Power   129
Sete segredos do desempenho superior   131
Mr. Magick   132
IBIS e Modern Magick   134
A teoria de Ray sobre "ascendentes" e
"descendentes"   136
Joe Vitale: "Mr. Fire"   136
Mike Dooley: Rei TUT   138
Marie Diamond: Arraste o sofá e enriqueça!   144

9. O CRISTIANISMO E *O SEGREDO*   147
A Igreja Unitarista   148
Neale Donald Walsch e seu *Conversando com Deus*   149
Dogma e demônios   154
Deus e a Criação: uma perspectiva católica   155
A oração de Jabez: *O Segredo* ao estilo cristão?   156

10. O DEBATE SOBRE A LEI DA ATRAÇÃO   161
Bob Doyle e *Wealth Beyond Reason*   161
Culpa Nova Era: É verdade que todo mundo cria
sua própria realidade?   164
Uma conversa com Bob Doyle: A Lei da Atração
e a aleatoriedade   171

11. Entrevista com Bill Harris — 175
O Segredo — 175
A Lei da Atração — 176
Aleatoriedade — 177
Unidade — 178

12. Ken Wilber: a complicada questão de criar sua própria realidade — 183
Integral Naked — 183
Síntese — 187

Conclusão
Por que *O Segredo* fez tanto sucesso? — 189
Continue tentando até ter sucesso — 190
Reprise dos anos dourados — 192
O Nostradamus da América — 194
A cultura do narcisismo — 195
Então, o que aconteceu com a felicidade? — 198
O bardo — 199
Revendo o sonho americano aos americanos — 200
Sem desculpas — 201
O segredo está bem debaixo do seu nariz — 203

Outros livros e sites — 205

Notas — 215

Índice — 227

Prefácio

> Como fica evidente por sua inacreditável popularidade, há milhões de pessoas que estão sequiosas por algo além da religião tradicional ou da ciência moderna em sua busca de sentido.
>
> *Integral Naked*, boletim informativo de Ken Wilber

O Segredo toca seus pontos mais sensíveis: seus valores fundamentais, aquilo que é sucesso para você – e estaria você perto de conquistar aquilo que acredita ser o sucesso? Você se sente conectado a um "poder superior"? Haverá realmente um modo fácil de integrar emprego, família, amigos e comunidade na formação de uma vida que tenha importância?

Nós, americanos, levamos muito a sério a busca pelo sucesso; quando confrontados com nossas conquistas relativas ou inexistentes, aquela ansiedade subjacente e sempre presente se transfere para o centro do palco. Com sua promessa de uma solução fácil para "ter tudo", *O Segredo* se tornou um dos livros mais vendidos de 2007 (apenas o novo *Harry Potter* teve mais exemplares vendidos).

Alexandra Bruce

O livro que você tem nas mãos procura dar ao leitor um quadro mais aprofundado e oferecer um contexto para o turbilhão de idéias apresentado por Rhonda Byrne e os vinte e tantos "professores" que criaram *O Segredo*. Há uma noção equivocada de que os mestres apresentados no filme e no livro oferecem um método unificado de atingir metas na vida – não é o caso. Alguns professores são empresários, outros são mais voltados para a ciência e a tecnologia, e pelo menos um assumidamente abraça o ocultismo.

De uma forma que não é possível nos noventa minutos de duração do filme transformado em livro, *Desvendando o segredo* vai mais fundo na gama de técnicas e programas concebidos pelas principais personalidades apresentadas em *O Segredo*, visando atender as pessoas que gostariam de saber mais sobre os ensinamentos delas mas podem não ter tempo ou dinheiro para pesquisar todos eles pessoalmente.

As raízes da maioria dos ensinamentos dos entrevistados podem ser encontradas no movimento Novo Pensamento, que floresceu nos Estados Unidos de meados do século XIX até meados do século XX e que sempre foi caracterizado pela diversidade e por vertentes divergentes.

O Segredo é o primeiro filme comercial a apresentar o Novo Pensamento, um movimento que aparentemente foi tirado dos trilhos pelo tumulto dos anos 1960 e posteriormente fragmentado em modalidades medíocres de auto-ajuda ou se fundiu com seu irmão mais confuso, o movimento Nova Era.

Em algum momento após o 11 de Setembro e durante a invasão do Iraque, eu comecei a perceber que os gurus do marketing tinham substituído os médiuns pleiadianos no circuito alternativo, o que com certeza foi bom. A relevância dos extraterrestres aparentemente tinha se perdido na realidade brutal da guerra, para não falar na metástase igualmente medonha de uma agressiva indústria de jornais populares na qual as celebridades fornecem uma dose mais sustentável e espalhafatosa de maluquices que a bizarra teoria da conspiração. Ademais, as celebridades refletem nossas noções culturais de "sucesso" e obrigam o público a questionar seu significado (principal motivo pelo qual o público estava tão maduro para *O Segredo*).

Portanto, o leitor pode se tranqüilizar, pois neste livro não aparecerão pleiadianos ou Zeta Reticuli – tampouco qualquer fofoca sobre famosos da imprensa. Porém, é verdade que uma das grandes inspirações para *O Segredo* são as mensagens recebidas em transe de uma consciência grupal que se refere a si mesma como "Abraham" e que fala por intermédio de uma mulher chamada Esther Hicks.

Uma das polêmicas que cercam *O Segredo* é que Esther Hicks foi cortada do filme original e que a versão atualmente à venda não a inclui. Como a "Lei da Atração" de Abraham continua a ser o tema central do filme, considerei importante incluir a interessante história de "Abraham-Hicks".

Também houve alguma controvérsia acerca do que foi descrito como o "deslavado materialismo" demonstrado por alguns dos entrevistados em *O Segredo*, e devo admitir que alguns dos comentários feitos no filme inicialmente me chocaram por sua perversidade. Mas *O Segredo* não é apenas sobre modelos especiais de BMWs, e eu recomendo ao leitor que não jogue fora as coisas boas junto com as dispensáveis.

Sem sombra de dúvida, há algo de real valor em *O Segredo*: Você. Existe uma possibilidade bastante real de você viver a vida dos seus sonhos. Caso pretenda se comprometer com isso, este livro apresenta muitas maneiras de ajudá-lo a alcançar seu objetivo.

Eu recomendo àqueles cuja curiosidade for despertada pelo que descobrirem aqui que estudem mais atentamente os livros, filmes e sites dos mestres, e, o que seria o ideal, levem vidas mais alegres e saudáveis. Na maioria dos casos, enquanto os estudava, fui inspirada pelo trabalho e as conquistas das pessoas entrevistadas em *O Segredo*.

Escrevi este livro sem ter qualquer espécie de ligação com os produtores do filme, embora mantenha contato com algumas das pessoas que aparecem em *O Segredo*.

Para terminar, lanço algumas luzes sobre as forças econômicas e tecnológicas por trás da produção do filme, que ajudaram a alimentar seu sucesso, e também abordo as reações muito díspares que *O Segredo* provocou em diferentes comunidades ao redor do mundo.

Alexandra Bruce

1
O NEGÓCIO DE *O SEGREDO*

> Rhonda só quer levar a felicidade a todos.
>
> Irene Izon, mãe de Rhonda Byrne

Neste momento, não é exagero descrever *O Segredo* como o livro e o filme de auto-ajuda de maior sucesso de todos os tempos. Só o livro aumentou significativamente os lucros da gigantesca empresa de entretenimento Viacom, vendendo pelo menos quatro vezes mais que qualquer outro nos Estados Unidos no primeiro semestre de 2007.

Como pode um livro basicamente secundário, pouco mais que uma transcrição de um filme independente (que poderia ele mesmo ser descrito impiedosamente como um longa-metragem comercial), ter superado, em muito, lançamentos de estrelas da ficção como James Patterson e Jodi Picoult, as memórias de uma celebridade como Sidney Poitier e mesmo a dieta da vez, *You On a Diet*?

O FILME *O SEGREDO*

O crédito realmente deve ser dado à criadora do filme, uma australiana produtora de *reality shows* para a TV, Rhonda Byrne, de 55 anos. O site oficial descreve assim a gênese do projeto:

> (...) naquele dia de primavera de 2004, quando um livrinho antigo chamado *A ciência de ficar rico* foi colocado em suas mãos (...) toda a vida de Rhonda de repente entrou em foco, e ela soube exatamente qual seria a sua missão. Ela iria transmitir ao mundo aquele conhecimento. Ela iria fazer um filme para levar felicidade aos quatro cantos da Terra. E assim começou a grande jornada que foi *O Segredo* (...)
>
> Um dos primeiros objetivos para a criação do programa era que [ela] iria usar *O Segredo* para fazer *O Segredo* (...) que aquela seria uma jornada serena e prazerosa à medida que atraísse tudo e todos que eram necessários para dar forma à visão. E justamente quando a empresa estava pronta para começar a produção, como por mágica começaram a aparecer as pessoas perfeitas para fazer *O Segredo* (...)
>
> No dia em que a Prime Time Productions chegou aos Estados Unidos para filmar os mestres vivos de *O Segredo*, eles só tinham uma entrevista marcada. Mas levaram uma equipe inteira, e a firme intenção de filmar todas as pessoas de que precisavam. E em questão de semanas a equipe filmou os 52 "professores" de *O Segredo*. Aonde quer que a equipe fosse, surgiam cada

vez mais professores impressionantes – grandes escritores, líderes, filósofos, médicos e cientistas. Esses professores estabeleceram as bases para *O Segredo*.[1]

O projeto deles certamente teve uma vida encantada. Afinal, não é todo filme de 3 milhões de dólares que começa como um *download* da internet autopromovido e termina fazendo aumentar o valor das ações de um conglomerado de entretenimento multibilionário.

A versão original do filme estava disponível no dia 26 de março de 2006 no vistoso site dos produtores, em www.thesecret.tv. Por uma taxa de 4,95 dólares, quem acessasse o site podia baixar o filme usando a tecnologia sofisticada de uma empresa chamada Vividas. Os produtores também venderam DVDs no site por 34,95 dólares, embora normalmente dessem um desconto de 5 dólares. Independentemente do preço de venda, como não havia intermediários no atacado ou no varejo as margens de lucro eram extraordinariamente altas e não demorou para que o filme recuperasse o custo de produção de 3 milhões de dólares.

Rhonda então colocou um ex-vendedor da IBM e executivo de internet/telecomunicações, Robert Ramone, como o principal executivo americano de sua nova empresa, a TS Productions LLC. Eles se valeram da disposição da Amazon.com de distribuir e vender DVDs de pequenos produtores (algo que dificilmente algum varejista tradicional do setor estaria disposto a considerar) e começaram a vender o DVD pela Amazon em outubro de 2006, quando as vendas dispararam imediatamente, apesar da divulgação mínima, além da propaganda boca-a-boca.

A SOCIEDADE DE *O SEGREDO*

A questão aqui é boca de *quem*. Seja pela força da Lei da Atração ou graças a uma jogada brilhante de Byrne, a maioria dos entrevistadores que aparecem em *O Segredo* foi filmada na reunião bienal do Transformational Leadership Council (TLC). De fato, isso se mostrou decisivo.

O TLC é um grupo fechado de luminares da auto-ajuda fundado pelo autor de *Canja de galinha para a alma*, Jack Canfield, que se tornou uma espécie de poderoso-chefão da indústria da auto-ajuda. Como Canfield, muitos dos membros da TLC são gênios do marketing que têm carreiras de sucesso como consultores de empresas que estão entre as mais bem-sucedidas dos Estados Unidos. O poder de venda somado de todas as pessoas entrevistadas em *O Segredo* é gigantesco, e todos colocaram em ação suas próprias redes em apoio ao filme, catapultando Rhonda para a estratosfera do supersucesso.

Em maio de 2007, Rhonda estava na lista da revista *Time* das "100 pessoas que moldam nosso mundo", que foi muito comentada na imprensa na época por abertamente não incluir o presidente George W. Bush. Foi o próprio Jack Canfield quem escreveu o verbete sobre Rhonda na matéria da *Time*:

(...) Eu conheci Rhonda Byrne em julho de 2005, quando ela perguntou se poderia levar uma equipe de filmagem para uma reunião do Transformational Leadership Council e entrevistar alguns dos membros para um filme que ela estava fazendo, chamado *O Segredo*. Durante quatro dias, ela e sua equipe filmaram durante o dia e conviveram conosco à noite. Eu fiquei impressionado com a energia dela – parecia estar em um constante estado de contentamento, de encanto pueril.

Freqüentemente me perguntam por que *O Segredo* foi um fenômeno tão grande – mais de 2 milhões de DVDs vendidos em um ano e quase 4 milhões de livros em menos de seis meses. É basicamente porque o amor e a satisfação de Byrne impregnam cada quadro e cada página. Seu objetivo era puro e simples – engrandecer a maior parcela da humanidade que ela conseguisse alcançar, e até agora ela alcançou milhões. E eu acredito que ela está apenas começando.[2]

A RELIGIÃO DE *O SEGREDO*

Além de membros de destaque da TLC, a maioria das pessoas entrevistadas em *O Segredo* é conhecida há anos no circuito Novo Pensamento/Igreja Unitarista, e elas continuam regularmente a dar palestras em igrejas unitaristas pelo país.

Os princípios defendidos em *O Segredo* são em grande medida os da Igreja Unitarista, a principal denominação do Novo Pensamento, muito admirada por Oprah Winfrey.

Fundada em 1889 pelo casal americano Charles e Myrtle Fillmore, ela tem hoje aproximadamente 2 milhões de fiéis em todo o mundo.

Se o grande sucesso cinematográfico da Nova Era, *Quem somos nós?*, estava basicamente ligado e era apoiado pela Ramtha School of Enlightenment, *O Segredo* desfrutou de um relacionamento semelhante com a maior e consideravelmente mais hegemônica Igreja Unitarista, cujos membros foram fundamentais na divulgação do filme em um primeiro momento.

Os dois filmes também se beneficiaram dos conselhos de marketing do Spiritual Cinema Circle e da adesão do movimento Transcendental Meditation. Eu acredito que para um filme independente de tema similar conseguir o mesmo grau de sucesso de *O Segredo* e *Quem somos nós?* ele precisaria ter alianças semelhantes, além de um punhado de marketeiros influentes em um trabalho de guerrilha para superar *O Segredo*.

A TECNOLOGIA DE *O SEGREDO*

Tudo no sucesso do filme, de seu baixo custo de produção à sua promoção e distribuição, pode ser atribuído à independência das empresas de entretenimento. Com câmeras digitais e equipamento de edição a custos razoáveis, hospedagem barata de um site, venda de vídeos pela internet e atendimento direto ao consumidor oferecido por varejistas como Amazon.com, Byrne e Rainone puderam dispensar todos os intermediários que poderiam não acreditar em sua visão.

"Poderiam" é provavelmente uma generosidade. Independentemente do recente sucesso de *Quem somos nós?*,[3] é praticamente seguro dizer que nenhum estúdio de cinema ou distribuidor de DVDs teria financiado a promoção e distribuição de *O Segredo*, quanto mais a sua produção. Também é seguro apostar que a TS Productions não esteja esperando que Hollywood financie ou distribua seus próximos projetos. Segundo a revista *Time*, em janeiro de 2007 os produtores de *O Segredo* começaram a filmar uma seqüência para lançamento naquele mesmo ano, e cita Rainone dizendo que "essa seqüência irá explorar 'o passo seguinte, o nível seguinte' no processo de uma pessoa alcançar as metas de vida".[4] Rainone também defendeu a tecnologia de distribuição de vídeo por demanda fornecida pela Vividas, dizendo: "é um grande modo de lançar um filme, e pretendemos adotá-lo novamente em nossos próximos lançamentos."[5]

O LIVRO *O SEGREDO*

Em julho de 2006, foi fechado um acordo editorial com a Beyond Words, editora dos livros de Masaru Emoto, como *Hidden Messages of Water*, e que ficou famosa pelo seu papel principal em *Quem somos nós?*. "As pessoas estão descobrindo [*O segredo*] por intermédio de outras pessoas", disse a editora da Beyond Words, Cynthia Black, que ouvira falar do DVD durante um jantar em Portland, Oregon, com um dos professores que aparecem no filme.[6]

Conscientemente ou não, Byrne e Rainone fizeram uma boa escolha assinando com a Beyond Words. Black tinha pouco antes fechado um acordo com a Simon & Schuster, braço editorial da Viacom, por intermédio do selo Atria Books. Judith Curr, editora da Atria, se entusiasmou imediatamente, e eles enviaram correndo uma versão de *O Segredo* em livro para as lojas em novembro de 2006. Foi a soma da sensibilidade Nova Era da Beyond e dos recursos e da influência da principal editora da Atria que produziu o posterior sucesso estrondoso do livro.

Segundo Curr, da Atria:

> Nunca poderíamos ter feito este livro sem a Beyond Words, mas a Beyond Words nunca poderia ter publicado este livro (...) porque o maior problema das pequenas editoras é que não conseguem financiar seu sucesso. (...) Não há como uma pequena editora encomendar uma reedição de 2 milhões de exemplares, ou mesmo uma de 100 mil, e ter os recursos necessários para administrar tal projeto.[7]

O livro chegou às prateleiras das lojas antes do dia de Ação de Graças de 2006, vendendo bem o bastante para aparecer no alto das listas de esotéricos quase imediatamente, mas não em número suficiente para chegar à lista geral, até fevereiro de 2007.

Oprah Winfrey, ainda a inquestionável campeã da televisão nos Estados Unidos, convidou Byrne e alguns dos professores apresentados em *O Segredo* para seu programa do dia 8 de fevereiro. A participação foi um sucesso tal que uma continuação foi programada para uma semana depois, em 16 de fevereiro.

O resto, como dizem, é história. O livro imediatamente disparou para o topo de todas as listas de mais vendidos em que se encaixava. Livreiros brigavam para conseguir exemplares, recebendo encomendas de clientes sem ter nenhuma idéia de quando poderiam atender. É um caso raro de livro derivado de filme que superou em muito o sucesso de vendas do filme. E o filme propriamente dito tinha se saído muito bem (e continua assim).

O Segredo foi lançado de forma brilhante e rapidamente se tornou o fenômeno de vendas que a grande imprensa percebeu. Seria mais fácil relacionar por omissão quais jornais, revistas, programas de televisão e sites na internet não abordaram *O Segredo*.

O SOLUÇO COM HICKS

Assim como acontece com a vida em geral, a produção de *O Segredo* nem sempre foi uma "jornada" tão "feliz" quanto Rhonda gostaria. Embora ela e sua equipe tenham de fato entrevistado alguns dos principais palestrantes e escritores de auto-ajuda e de processos motivacionais em atividade hoje, eles tiveram menos sorte com a talvez mais importante das professoras entrevistadas para o filme.

O *Segredo* tinha se tornado uma história de tanto sucesso que mesmo os jornais e revistas mais sérios e pretensiosos não podiam deixar de dedicar quilômetros de colunas a discutir a eficácia daqueles ensinamentos que cheiravam a Nova Era. Em fevereiro de 2007 no entanto o *New York Times* foi um pouco além de sua dose habitual de investigação e revelou que

> (...) por trás do sucesso de O *Segredo* há uma história mais feia quanto às origens do filme. Ela envolve muito dinheiro e aquilo que alguns dos envolvidos classificam como promessas não cumpridas da sra. Byrne. A estrela da primeira versão do filme, lançada em março do ano passado, exigiu ser retirada da atual versão, que está no mercado desde 1º de outubro.[8]

O autor da matéria do *Times*, Allen Salkin, continuava descrevendo como Esther Hicks tinha recebido a promessa de 10% do lucro do DVD e de ser consultada sobre o modo como era retratada. Segundo Salkin, Hicks e seu marido, Jerry, nunca gostaram do filme, e em certo momento as negociações com os produtores empacaram (mas não antes que os Hicks recebessem 500 mil dólares). No final, Hicks foi cortada de uma nova versão do filme, deixando os produtores com uma parcela ainda maior dos milhões em direitos que ainda viriam, e que, se fosse antes, teriam de ser pagos a Hicks.

Como um cumprimento, a sra. Hicks disse: "Tenho de dar o crédito a Rhonda", acrescentando que sua antiga colaboradora tinha demonstrado uma dedicação obsessiva à Lei da Atração. "Eu nunca tinha visto ninguém fazer aquilo do jeito que ela está fazendo", disse a sra. Hicks. "E não interessa honestidade, não interessa se você está fazendo o que disse que iria fazer, não interessa nada. Apenas se concentre."

Hicks e seu marido Jerry escreveram uma carta a amigos contando a versão deles, que afirmava:

> Acabamos recebendo um e-mail da produtora de *O Segredo* explicando adoravelmente (...) que o contrato que tínhamos definido e assinado já não era suficiente para a extensão do projeto para áreas que eles tinham passado a perseguir (...) e que seria necessário que nós (Jerry e Esther) abríssemos mão de nossos direitos intelectuais nesses setores para sempre e refizéssemos o contrato, ou eles teriam de nos cortar (...) após consultar nosso editor, depois nosso advogado de direitos autorais, e finalmente Abraham, permitir que eles nos cortassem era o caminho de menor resistência (...).
>
> É nosso desejo que, em vez de nos aborrecermos por nossa parte de *O Segredo* ser omitida em versões futuras, vocês desfrutem da versão original de Abraham como ela é, e busquem as outras coisas incríveis que essas pessoas talentosas podem dar a vocês. São pessoas que claramente se preocupam com o planeta, que querem ter valor e que, em nossa opinião, são enormemente valiosas.
>
> Financeiramente falando, nós fomos muito bem remunerados por nossa participação nesse projeto (...) que

chegou a uma quantia impressionante. E se o dinheiro fosse a coisa mais importante, garantimos a vocês que teríamos encontrado uma forma de continuarmos envolvidos.[10]

A versão original do filme com Esther Hicks ainda pode ser encontrada no eBay e em outros sites na internet, mas não é aquela que a maior parte dos milhões de pessoas que compraram cópias de O Segredo têm em casa.

A questão Hicks é com certeza o problema mais óbvio enfrentado por Byrne, e um que ela evidentemente superou com classe. O problema seguinte era do tipo que todo editor sonha ter: o estoque chegar ao fim com a demanda pelo livro no auge. Durante várias semanas de fevereiro e março de 2007 o livro não podia ser encontrado nas livrarias e nem mesmo na gigante da internet Amazon.com, que normalmente o apresentava como disponível em um prazo de quatro a seis semanas. Judith Curr e seus colegas correram para imprimir e distribuir mais livros, acabando por estabelecer um recorde de maior reedição da venerável história da Simon & Schuster.

A carência pareceu apenas alimentar o fogo de interesse por todas as coisas "Secretas"...

2
O MOVIMENTO NOVO PENSAMENTO

> Minhas maiores descobertas em *O Segredo* (...) vieram dos ensinamentos de Robert Collier, Prentice Mulford, Charles Haanel e Michael Beckwith.
>
> Rhonda Byrne, produtora

Assim como algumas pessoas, eu desconfiei do lançamento de *O Segredo*. Em uma época de guerra no Iraque, genocídio na África, aquecimento global e celebridades em colapso, a mensagem de *O Segredo* de visualizar seu corpo magro e atrair o seu BMW novinho em folha me soou patologicamente narcisista, se não quase criminosa em sua depravação.

Os críticos de *O Segredo* se queixaram de "deslavado materialismo",[1] demonstrado no DVD e no livro. Se *O Segredo* é "espiritual", perguntaram eles, o que todos aqueles "orientadores de enriquecimento" estavam fazendo no programa?

A resposta está no livro que foi a inspiração para a criação de *O Segredo*, *A ciência de ficar rico*, de Wallace D. Wattles, "dirigido a homens e mulheres cuja necessidade mais premente é de dinheiro; que querem ficar ricos antes e filosofar depois". Em outras palavras, o livro de Wattles foi escrito para pessoas desesperadas.

Esse era o caso de Rhonda quando o livro foi parar em suas mãos. Dito e feito, ela estava multimilionária em dois anos. Da mesma forma, o filme que ela fez apelava aos cidadãos das classes média e média baixa; pessoas desesperadas com faturas de cartão de crédito e sonhando em escapar da escravidão financeira. É fácil ver por que cínicos empedernidos e pessoas com contas bancárias polpudas seriam aqueles com maior dificuldade em encontrar alento nas idéias apresentadas em O Segredo.

WALLACE D. WATTLES E *A CIÊNCIA DE FICAR RICO*

Foi apenas quase um ano depois do lançamento do filme que eu finalmente li o livrinho que Rhonda diz tê-la lançado em sua grande aventura, *A ciência de ficar rico*, de Wallace D. Wattles. Sua prosa direta teve um impacto igualmente elétrico em mim, levando-me a abandonar o cinismo ranzinza que eu tinha para com O Segredo e me dando um novo interesse por um episódio fascinante da história americana, conhecido como o movimento Novo Pensamento.

A ciência de ficar rico, ao contrário do que o título sugere, não é um livro sobre "enriquecimento rápido" e não inclui quase nenhum conselho complicado sobre finanças e negócios. É um manual elegante e breve de como desenvolver e manter um estado mental que Wattles chama de "Certo Modo". Sua visão, na época uma novidade, era a de que: "Para viver plenamente na alma o homem precisa ter amor; e o amor é abafado pela pobreza (...) É desejo de Deus que você fique rico."

As principais influências de Wattles foram os filósofos Ralph Waldo Emerson e Georg Hegel, ambos fortemente influenciados por antigos textos hindus e budistas, que estavam começando a se tornar mais acessíveis em línguas ocidentais. A base dessas filosofias religiosas é o conceito de monismo. Nas palavras de Wattles:

> A teoria monista do universo é a de que Um é Tudo e Tudo é Um; essa Substância se manifesta como os muitos elementos do mundo material – ela tem origem hindu e gradualmente tem aberto caminho no pensamento ocidental há duzentos anos. É a base de todas as filosofias orientais e as de Descartes, Spinoza, Leibnitz, Schopenhauer, Hegel e Emerson.[2]

Na Europa do século XVII, o conceito de "Tudo é Um" era herético para o cristianismo, o judaísmo e o islamismo tanto quanto hoje, e em 1656 o festejado filósofo holandês Spinoza foi excomungado de sua congregação judaica ortodoxa por causa das expressões monistas em seus textos.

Graças à primeira emenda à Constituição americana, em 1787, Wattles tinha maior liberdade para sintetizar essa fascinante fusão de monismo oriental e pragmatismo americano; uma fusão que continua igualmente atraente para a maioria silenciosa das pessoas em todo o mundo que não são fundamentalistas sectários.

Contudo, como Spinoza antes dele, Wattles foi afastado de seu cargo de pastor da Igreja Metodista por pregar valores que ele ardorosamente acreditava estarem em sintonia com o cristianismo, mas que evidentemente foram considerados não-cristãos pelo clero local.

O livro *A ciência de ficar rico* é considerado um dos clássicos do movimento Novo Pensamento, e sua filosofia geral, como expressa nos outros livros escritos por ele, entre os quais *A New Jesus, How to Be a Genius: The Science of Being Great, How to Energize Your Marriage, The New Science of Living and Healing* e *Lessons in Constructive Science: The Personal Power Course*, mostra que Wattles era um expoente do movimento Novo Pensamento que na época estava surgindo ao redor dele, particularmente no nordeste e no centro-oeste dos Estados Unidos.

Cronologia do movimento Novo Pensamento

O movimento Novo Pensamento, que varreu os Estados Unidos a partir de meados dos anos 1800 até meados dos anos 1900, foi um produto da era do Iluminismo, também chamado de Idade da Razão, que se espalhou por boa parte da Europa no século XVIII e durante o qual grandes avanços na lógica, na ciência e no Direito acabaram culminando na criação dos Estados Unidos da América.

Muitas das pessoas que Rhonda Byrne cita como sendo "antigos mestres do Segredo" tiveram participação ativa no movimento Novo Pensamento. Abaixo está uma linha do tempo do movimento e seus personagens principais, criada pela pesquisadora de história Terry Melanson e que eu alterei levemente. Os grifos são meus.

Em geral, atribui-se o início do *movimento Nova Era* aos ensinamentos da teosofia e a *Madame Helena Blavatski (1831-1891)*. De forma similar, *Phineas Parkhurst Quimby (1802-1866)* estabeleceu as bases do que ficou conhecido como o *movimento Novo Pensamento* (...) Embora menos conhecido, ainda que igualmente variado, o Novo Pensamento também tem muitas divisões e sistemas opostos (...)

1838 – Phineas P. Quimby começa a praticar o mesmerismo (sono mesmérico ou hipnotismo) após assistir a uma palestra em Belfast, Maine, de um médico/mesmerista francês em viagem, o dr. Collyer.

Após algumas experiências com voluntários, Quimby encontrou um jovem muito estimulante, um certo Lucius Burkmar. Quimby logo descobriu que, quando em transe, Burkmar era capaz de diagnosticar doenças e receitar remédios. Eles viajaram por toda a Nova Inglaterra fazendo seu próprio espetáculo – o curandeiro pela fé mesmerista e seu clarividente talentoso.

Ao procurar uma explicação para o sucesso de Burkmar

– e não satisfeito com a teoria mesmérica padrão de que o fluido magnético era o agente responsável –, Quimby chegou à teoria de que a cura ocorria pelo simples poder da mente. Quimby dizia:

> Alguns acreditam em vários remédios e outros acreditam que os espíritos dos mortos dão receitas. Eu não confio na virtude nem de um nem de outro. Eu sei que curas foram realizadas dessas formas. E não as nego. Mas o princípio pelo qual elas acontecem ainda é uma questão por resolver; pois a doença pode ser curada com ou sem remédios, mas não sem um princípio.

De acordo com James Webb, "entre 1852 e 1855", Quimby escreveu, "eu mesmo me tornei, então, um médium". Seu próprio método de cura implicava manter a consciência. "Agora, quando me sento junto a um doente eu vejo a forma espiritual de um vapor cercando seu corpo", disse Quimby. Após induzir o paciente a contar onde começou o problema, a cura era realizada pelo espírito de Quimby dominando o do paciente, consistindo "em tirar o espírito do paciente do lugar onde ocorreu a causa da doença". (*The Occult Underground*, p. 122.) Assim nasceu o sistema de cura mental de doenças de Quimby.

1862 – Após sofrer de doença crônica e tentar a homeopatia e curas alternativas, *Mary Baker Eddy (1821-1910)* busca tratamento com Phineas Quimby. Julius A. Dresser disse que quando Eddy "se tornou paciente de Quimby, imediatamente se interessou por sua teoria e assimilou suas explicações da verdade rapidamente".

1866 – Após uma queda na calçada a levar a buscar a própria cura, Mary Baker Eddy diz ter descoberto "a Ciência da Cura Metafísica Divina, que eu depois batizei de *Ciência Cristã*". Na verdade, essa "certeza científica de que a causa de tudo era a Mente e todos os efeitos um fenômeno mental" era baseada em sua própria compreensão dos princípios de cura de Quimby.

1875 – É publicada a doutrina fundamental do movimento Ciência Cristã, *Science and Health*, de Eddy.

1879 – Eddy funda *The First Church of Christ, Scientist*, em Boston, Massachusetts.

1883 – Eddy cria *The Christian Science Journal*.

1885 – *Emma Curtis Hopkins (1849-1925)* se torna praticante independente da Ciência Cristã após romper com a organização de Eddy. Apelidada de "professora de professores", Hopkins iria influenciar e doutrinar a maioria dos primeiros integrantes influentes do Novo Pensamento. *Entre seus alunos estiveram* Emma Fox, *Myrtle e Charles Fillmore*, Ernest Holmes e Francis Lord. Em 1887, Hopkins tinha "formado seiscentos alunos" e tinha em operação 17 filiais da Hopkins Metaphysical Association. (Ver Deidre Michell, "New Thinking, New Thought, New Age: The Theology and Influence of Emma Curtis Hopkins (1849-1925)", *Counterpoints*, vol. 2, nº 1, julho de 2002.)

A inspiração de Hopkins ia de Plotino, Porfírio e Spinoza ao Zenda-Avesta e o alquimista Cornélio Agrippa. Ela criou aforismos e afirmações como "não há mal"; "não há matéria"; "não há pecado, doença nem morte" e "meu Bem é meu Deus". Fundindo feminismo do século XIX com Ciência Cristã do Novo Pensamento, Hopkins ordenou ministros (em sua maioria mulheres) como "mensageiros especiais da 'nova era do Espírito Mãe Sagrada'" (Michell, op. cit.).

1889 – A Igreja Unitarista (Unitarista ou Escola Unitarista de Cristianismo) é fundada por Charles Fillmore (1854-1948) e Myrtle Fillmore (1845-1931), em Kansas City, Missouri.

Além do Novo Pensamento e de uma interpretação metafísica da Bíblia, "o Unitarismo bebe em hinduísmo, budismo, teosofia e rosacrucianismo", declara Arthur Goldwag. Confirmando o sincretismo do Unitarismo, Charles Fillmore tinha dito: "Nós estudamos muitos ismos, muitos cultos (...) Pegamos emprestado o melhor de todas as religiões (...) o Unitarismo é a Verdade ensinada em todas as religiões, simplificada (...) de modo que qualquer um possa compreendê-la e aplicá-la."

No conjunto, a Igreja Unitarista é o mais poderoso canal de disseminação da metafísica do Novo Pensamento, com centenas de igrejas afiliadas, organizações, subsidiárias e talvez milhões de seguidores. Supostamente Oprah Winfrey é um dos membros. (No mínimo ela é, e tem sido, divulgadora de muitos membros de destaque, mais recentemente aqueles ligados a *O Segredo*.)

1895 – É formado em Boston o *Metaphysical Club*. Até aquele momento, esse era o "principal acontecimento na história do Novo Pensamento", reunindo "alguns dos líderes da época da ciência mental" e aqueles "que atuam na Igreja da Unidade Divina e no periódico *The Mental Healing Monthly*".

1898 – Elizabeth Towne cria o *Nautilus*, o mais lido periódico do Novo Pensamento. Ele foi publicado por mais de 50 anos e, "muito vendido em bancas de jornal, tomou o lugar de muitas das revistas anteriores e é representativo do Novo Pensamento em sua forma mais popular e próspera".

1899 – O Metaphysical Club organiza uma conferência em Boston para pessoas com um "profundo interesse no novo movimento para criar uma unidade e cooperação mundiais na linha do chamado 'Novo Pensamento'". Durante a conferência foi organizada uma *Metaphysical League* internacional. Em sua segunda sessão em 1900 foi adotada uma constituição revisada, que tinha como objetivo:

> Estabelecer unidade e cooperação de pensamento e ação entre indivíduos e organizações de todo o mundo dedicados à Ciência da Mente e do Ser e, na medida do possível, unificá-las sob um mesmo nome e organização; estimular o interesse e a prática de uma filosofia de vida verdadeiramente espiritual; alcançar o mais elevado desenvolvimento pessoal por intermédio da reflexão correta, como meio de concretizar os mais grandiosos ideais da pessoa; estimular a fé e o estudo da mais alta natureza do homem, em sua relação com saúde, felicidade e progresso; ensinar a Paternidade e Maternidade universais de Deus e a completa Fraternidade do Ho-

mem. Estabelece também que Cada Vida é imanente ao universo, e é ao mesmo tempo Centro e Circunferência de todas as coisas visíveis e invisíveis, e que a inteligência está acima de tudo e em tudo; e que desta infinita Vida e inteligência provêm toda a Luz, todo o Amor e toda a Verdade. Essas afirmações simples são por natureza experimentais, e não implicam limites ou fronteiras a progresso e crescimento futuros à medida que maiores volumes de luz e verdade sejam revelados.

1908 – Mary Baker Eddy cria o jornal *The Christian Science Monitor.*
1912 – Empresário, "maçom do 32º grau e *shriner*", Charles F. Haanel *(1866-1949)* escreve seu clássico da prosperidade pelo poder da mente, *The Master Key System.* O livro vendeu mais de 200 mil exemplares [ao longo] dos vinte anos seguintes.
1914 – É formada a *International New Thought Alliance (Aliança Internacional Novo Pensamento).* Seu objetivo:

> Ensinar a infinitude do Supremo, a Divindade do Homem e suas Infinitas possibilidades por intermédio do poder criador do pensamento construtivo e da obediência à voz da Presença Interna, que é nossa fonte de Inspiração, Poder, Saúde e Prosperidade.

Desde sua criação a International New Thought Alliance organizou conferências anuais, reunindo os maiores líderes mundiais do Novo Pensamento, incluindo representantes da Escola Unitarista, United Religious

Science (União de Ciência Religiosa), Religious Science International (União Internacional de Ciência Religiosa), Divine Science (Ciência Divina), Association of Unity Churches (Associação das Igrejas Unitaristas), Universal Foundation for Better Living (Fundação Universal para Uma Vida Melhor), Center for Spiritual Awareness (Centro de Consciência Espiritual), Unity Progressive Council (Conselho Progressivo Unitarista), Association of Global New Thought (Associação do Novo Pensamento Global), New Thought Network (Rede Novo Pensamento) e University of Healing (Universidade da Cura), além de indivíduos de destaque (...).

Sua sede funciona como um instituto de pesquisa. O Addington INTA Archives consiste em livros e livretos, revistas, folhetos, correspondência, palestras, sermões, aulas e artigos publicados abordando todos os aspectos relacionados ao Novo Pensamento, à Nova Era e ao ocultismo. Além de escritores famosos do Novo Pensamento, é possível no Addington INTA Archives estudar as principais obras de pioneiras da Nova Era como Alice A. Bailey e Annie Besant; do ocultista William Wynn Westcott; dos discípulos de Gurdjieff J.G. Bennett, P.D. Ouspensky, Maurice Nicoll e do próprio G.I. Gurdjieff; Sri Aurobindo; Francis Bacon; Emanuel Swedenborg; dos teosofistas C.W. Leadbeater, J. Krishnamurti e H.P. Blavatsky; Edgar Cayce; Pierre Teilhard de Chardin; parte do material de *Seth* psicografado por Jane Roberts; um livro da Comunidade Findhorn, *The Findhorn Garden* (sobre como eles entraram em contato e colaboraram com "espíritos da natureza e devas"); do filósofo ocultista e maçom Manly P. Hall; os escritos rosacruzes de Max Heindel; de H.S. Lewis, fundador da ordem rosacruz AMORC; das autoras da Nova Era Barbara Marx Hubbard, Ruth Montgomery e dos luciferianos John Randolph Price e David Spangler; *My Religion*, da especialista em Swedenborg Helen Keller; do médium espírita JZ Knight (Escola de Iluminação de Ramtha); e o *Book of Urantia*, entre outros.

1921 – No centésimo aniversário do nascimento de Mary Baker Eddy, uma réplica exata da Grande Pirâmide, feita de um só bloco de granito, pesando mais de 100 toneladas e com 3,34 metros de cada lado, é esculpida e colocada perto da casa em que Eddy nasceu, em New Hampshire. Foi um presente de maçons. Na "Mary Baker Eddy Letter", de 25 de dezembro de 1997, somos informados de que quando "os diretores perceberam que muitos cientistas cristãos estavam visitando o grande marco de granito no Bow (...) que marcava o local de nascimento de Mary Baker Eddy, eles o destruíram, dinamitaram-no em pedaços".

O primeiro marido de Eddy, George Washington Glover, era maçom, e, "a partir de então, pertencer à ordem maçônica era a única filiação 'externa' permitida aos membros da igreja pela sra. Eddy".

A Ciência Cristã e a maçonaria mantiveram um relacionamento simbiótico. Muitas das primeiras igrejas criadas nos Estados Unidos faziam suas reuniões em lojas maçônicas. Até hoje é possível encontrar as sedes de muitas associações de Ciência Cristã no mesmo endereço da loja maçônica local.

1937 – Napoleon Hill (1883-1970), que aplicava o método apresentado em *The Master Key System* por Haanel, publica *Pense e enriqueça*. A "Ciência do Sucesso" de Hill foi algumas vezes apelidada de "Segredo Carnegie" ou "Fórmula Carnegie". Ele manteve um longo relacionamento com Andrew Carnegie, que começou quando este último o contratou para entrevistar as pessoas de maior sucesso, riqueza e fama do mundo.

Hill depois alegaria que tinha sido contatado por um visitante de outra dimensão. "Eu venho da Grande Escola de Mestres", teria dito o ser. "Sou um dos membros do Conselho dos Trinta e Três que serve à Grande Escola e a seus iniciados no plano físico". Segundo Hill, seus maiores segredos foram dados por guias espirituais conhecidos como "Venerable Brotherhood of Ancient Índia [Venerável Irmandade da Antiga Índia], a grande reserva central de conhecimento religioso, filosófico, moral, físico, espiritual e psíquico. Essa escola se esforça pacientemente para elevar a humanidade de sua infância espiritual à maturidade da alma e à iluminação final". (Ver Dave Hunt, "The Classic Case of Napoleon Hill".)

1952 – Norman Vincent Peale (1898-1993) publica *O poder do pensamento positivo*. O livro se tornou um sucesso instantâneo, ficando "na lista de mais vendidos do *New York Times* por 186 semanas seguidas" e vendendo mais de 7 milhões de exemplares. Pregador cristão e maçom do 33º grau, Peale "e seu principal discípulo, Robert Schuller, mantiveram o Novo Pensamento vivo em meio à hegemonia do cristianismo".

1974 – Uma ministra negra da Escola Unitarista de Cristianismo, a dra. *Johnie Coleman*, funda a *Universal Foundation for Better Living* (Fundação Universal para Uma Vida Melhor) e, em 1985, o *Christ Universal Temple* (Templo Universal de Cristo) em Chicago. Convidada constante de Oprah, Della Reese, estrela do seriado de TV *Caiu do céu*, é ordenada ministra pela Universal Foundation for Better Living. Reese e Coleman criam juntas o Understanding Principles for Better Living Church (Princípios de Compreensão para a Igreja para Uma Vida Melhor).

1975 – Publicado *A Course in Miracles (ACIM), da dra. Helen Schucman (1910-1981). ACIM* é "a obra psicografada de maior sucesso do final do século XX". Foi adotada igualmente por professores do Novo Pensamento e da Nova Era. Oficinas e seminários apresentando os princípios do *ACIM* são constantes na Igreja Unitarista e na Religious Science.

Oprah Winfrey tem sido uma ardente divulgadora do ACIM, principalmente por intermédio dos ensinamentos da guru Nova Era/Unitarista da satisfação pessoal *Marianne Williamson*, que é uma convidada constante.[3]

Supostos "antigos mestres de *O Segredo*"

Além de alguns dos nomes relacionados na cronologia anterior, o livro de Rhonda alega que muitos personagens famosos, desde a Antiguidade até o presente, foram "antigos mestres de *O Segredo*". Entre eles estão Aristóteles, Platão, Hermes Trimegisto, Buda, Beethoven, Victor Hugo, Isaac Newton, Alexander Graham Bell, Thomas Edison, Henry Ford, Winston Churchill, Albert Einstein, Carl Jung, W. Clement Stone, Robert Collier, Thomas Troward, o dr. Martin Luther King Jr. e Joseph Campbell.

Embora nenhum desses homens tenha apresentado publicamente o que Rhonda chama de "O Segredo", ela com certeza está se referindo aos tons de monismo e responsabilidade pessoal que são evidentes nos textos de todos esses homens.

O que em geral não se sabe sobre muitos desses luminares é que alguns supostamente eram praticantes de alquimia, uma disciplina filosófica e espiritual considerada uma ciência séria na Europa até o século XVI.

O único nome da relação de Rhonda de "Antigos mestres do Segredo" que chamou minha atenção foi o do misterioso Hermes Trimegisto, possível autor da igualmente misteriosa "Tábua Esmeralda" e hipotético inventor da alquimia e da filosofia hermética, como descrito no site de *O Segredo*:

> A "Tábua Esmeralda" é considerada um dos mais importantes documentos históricos da humanidade, e tem milhares de anos. Ao longo da história, permanece uma questão: ela foi escrita por um homem ou um deus? Seu autor é desconhecido, mas especula-se que seria a mítica divindade greco-egípcia Hermes Trimegisto – inventor

43

da alquimia e da filosofia hermética. Desde a época do Egito antigo a "Tábua Esmeralda" foi traduzida por muitos dos maiores pensadores do mundo, inclusive *Sir* Isaac Newton, e reverenciada por alquimistas, cientistas e filósofos. Ela discute a inter-relação e a unidade de todas as coisas, e também a natureza do universo e a criação. A "Tábua Esmeralda" é algumas vezes considerada um guia para ajudar os humanos a compreender seu relacionamento com o universo. A tábua original desapareceu por volta do século IV, tendo sido escondida por fanáticos religiosos que assolaram o mundo civilizado destruindo objetos. Segundo uma teoria, a tábua foi enterrada nas areias do planalto de Gizé.[4]

Eu fiquei surpresa ao descobrir, em minha pesquisa, que *Sir* Isaac Newton na verdade escreveu mais sobre alquimia do que sobre as coisas pelas quais ficou famoso posteriormente. Um dos textos alquímicos encontrados entre seus papéis após sua morte foi a tradução da "Tábua Esmeralda", mencionada acima.

Em uma das primeiras seqüências do filme *O Segredo* é possível ver a "Tábua Esmeralda" sendo transcrita apressadamente e enterrada na areia por um antigo escriba egípcio perseguido por soldados.

A mais antiga fonte documentada da "Tábua Esmeralda" supostamente foi escrita por volta dos anos 800 pelo sufi persa xeque Abd al-Qadir al-Jilani. O texto presumidamente daria pistas da receita do ouro alquímico e sugeriria como elevar o nível de consciência da pessoa a um nível superior.

A TRADUÇÃO DE ISAAC NEWTON PARA A "TÁBUA ESMERALDA"

1. Isto é verdade sem mentira, certo e absolutamente verdadeiro.
2. O que está abaixo é como o que está acima, e o que está acima é como o que está abaixo para realizar os milagres de uma só coisa.
3. E como todas as coisas surgiram e brotaram de um pela meditação de um: assim todas as coisas nasceram desta única coisa por adaptação.
4. O Sol é seu pai, a Lua sua mãe.
5. O vento trouxe-a no seu ventre, a terra é a sua nutriz.
6. O pai de toda a perfeição em todo o mundo está aqui.
7. Sua força ou poder são absolutos se transformados em terra.
7a. Separe tu a terra do fogo, e o sutil do grosseiro, suavemente e com grande diligência.
8. Ele ascende da terra ao céu e novamente desce à terra e recebe o poder das coisas superiores e inferiores.
9. Dessa forma, você terá a glória de todo o mundo, e com isso toda a escuridão o deixará.
10. Sua força está acima de todas as forças, pois derrota todas as coisas sutis e penetra todas as coisas sólidas.
11a. Assim foi criado o mundo.
12. A partir disso há e surgirão adaptações admiráveis, para o que os meios (ou processos) estão aqui nisto.

13. Assim, sou chamado Hermes Trimegisto, tendo as três partes da filosofia do mundo todo.
14. O que eu disse sobre as operações do Sol já se deu e completou.[5]

Está claro que quem lesse o texto acima precisaria ser um iniciado nos mistérios para compreender o significado da sua sabedoria. O único verso sem ambigüidade, para mim, é o de número três, que proclama a visão monista: "Como todas as coisas surgiram e brotaram de um pela meditação de um: assim todas as coisas nasceram desta única coisa por adaptação."

Está além da proposta deste livro aprofundar-se mais no vasto e fascinante tema da filosofia hermética, da qual a alquimia é uma parte. Contudo, sua presença pode ser sentida ao longo de todo *O Segredo*, o que levou certos religiosos paranóicos a suspeitar que filme e livro são uma espécie de "Conspiração rosa-cruz", tema que irei abordar mais detidamente adiante.

PRENTICE MULFORD E *THE WHITE CROSS LIBRARY*

Nascido em 1834, Prentice Mulford é considerado um dos pioneiros do movimento Novo Pensamento. Visionário que ganhou a vida em empregos estranhos e como colunista de jornais de São Francisco, ele viveu como ermitão no final da vida, quando escreveu sua coleção de ensaios em seis volumes intitulada *The White Cross Library*.

Ele se interessava por fenômenos mentais e espirituais, e, dizem, praticava telepatia. Seus oníricos ensaios eram inspirados principalmente em seu contato com a natureza. Escreveu: "Na vida espiritual toda pessoa é seu próprio descobridor, e você não precisa sofrer se suas descobertas não são levadas a sério pelos outros. Sua obrigação é seguir em frente, descobrir mais e aumentar sua própria alegria individual."[6]

CHARLES HAANEL E *THE MASTER KEY SYSTEM*

Charles Haanel foi um industrial de sucesso no início do século XX, e é mais conhecido hoje como autor de *The Master Key System*, que ensina os princípios, causas, efeitos e leis subjacentes a todas as conquistas e todos os sucessos. Também identificamos uma corrente monista hindu em seus pontos de vista, como em toda a literatura do Novo Pensamento e da Igreja Unitarista.

Haanel recebeu vários diplomas de nível superior ao longo da vida, incluindo um doutorado em Medicina do Universal College de Dupleix, na Índia, e um título em Metafísica do College of Divine Metaphysics, na Califórnia.

Vale a pena ler a definição de "Lei metafísica" no site do College of Divine Metaphysics, porque ela resume muito bem a visão mundial de todos os mestres de *O Segredo*.

Fundamentalmente, a definição de "Lei metafísica" *é* "O Segredo":

Lei metafísica

A existência do homem neste plano terreno não depende de coisas materiais, mas da lei metafísica. Progresso e invenções são resultado do pensamento. Alguns alegam que o progresso é a projeção da alma, mas alma é mente; portanto, o pensamento criativo deve preceder a tradução de sentimento de êxtase em arte refinada e outras criações.

A mesma Mente Universal que inspira uma pessoa a escrever belos poemas leva outra a um sucesso impressionante nos negócios ou nas finanças. Toda sabedoria e todo poder residem na Mente Universal, e por intermédio de sua consciência interna cada indivíduo extrai do universal aquilo com o que sua mente individual se relaciona, aquilo que mais se aproxima do que ele pensa e sente.

Em outras palavras, nós sintonizamos nosso próprio comprimento de onda. Não há nenhum engano; aquilo que vem a nós do universal assim o faz porque atraímos isso com nossos pensamentos e sentimentos.

Vem dessa fase mais profunda da mente toda inspiração, leve ela à criação de um grande livro, à pintura de um quadro refinado, ao lançamento de uma grande invenção ou à vitória em uma causa correta e justa. Todas as maravilhosas e marcantes conquistas humanas são simplesmente exsudação de pensamentos da inesgotável fonte da Mente Universal.[7]

Há lendas urbanas de que uma "igreja" não identificada baniu o livro de Haanel em 1933, depois do que ele saiu de catálogo, com os originais sendo muito disputados no mercado de livros raros. Teria sido assim que Bill Gates conseguiu seu exemplar quando ainda era estudante em Harvard. *The Master Key System* supostamente teria dado a Gates a coragem de deixar a faculdade e fundar a Microsoft.

> O segredo do Vale do Silício é que quase todos os empreendedores que fizeram fortuna nos últimos anos conseguiram isso estudando as palavras do sr. Haanel, escritas oitenta anos atrás! Praticamente todos os milionários e bilionários do Vale leram *The Master Key System*, de Charles F. Haanel. Como este livro estava fora de catálogo até recentemente, exemplares de *The Master Key System* se tornaram mercadoria valorizada no Vale.[8]

Por sorte, *The Master Key System* é hoje um texto de domínio público disponível para *download* gratuito na internet.

MICHAEL BECKWITH E AGAPE

Michael Beckwith é o único mestre vivo ao qual Rhonda mais atribui sua própria transformação pessoal. Ele é o fundador do Agape International Spiritual Center em Los Angeles, Califórnia, e se descreve como um progressista não-alinhado transreligioso. Ele participa de painéis internacionais com pacifistas e líderes espirituais, entre os quais Sua Santidade o Dalai Lama do Tibete, o dr. T. Ariyarante do Sri Lanka e Arun Gandhi, neto de Mohandas K. Gandhi.

O Agape é descrito como "uma comunidade espiritual transdenominacional cujas portas estão abertas a todos que buscam autêntica espiritualidade, transformação pessoal e serviço altruísta à humanidade".[9]

Beckwith é o autor de *40-Day Mind Fast Soul Feast, A Manifesto of Peace* e *Living from the Overflow*, e com freqüência viaja para palestras na Igreja Unitarista e em outras igrejas afiliadas por todo o país, ensinando a grupos seu "Processo de Visão".

> Visão é um processo pelo qual desenvolvemos nossa capacidade de ouvir, sentir, ver e captar o plano de Deus para nossa vida e para qualquer projeto específico no qual estejamos trabalhando. É diferente de visualização no sentido de que estamos permitindo que a idéia de Deus se apresente, e não tentando criar coisas específicas que queremos manifestar. Há etapas conscientes de concentração, silêncio, gratidão e assim por diante (...).[10]

Eu tive muita sorte de participar de um culto bastante enérgico do Agape celebrado por Beckwith em Los Angeles. Sua palestra sobre "chatices de estimação" foi extremamente engraçada, indiscutivelmente profunda e absolutamente brilhante. O cerne da palestra era que as pessoas se concentram em coisas pequenas e estúpidas que bloqueiam o caminho da sua felicidade e de suas descobertas espirituais, e quanto mais elas se permitem ser distraídas e chateadas, mais essas coisas surgem para infernizá-las.

Beckwith também tinha algumas palavras para freqüentadores de igrejas que se preocupavam mais com o modo *como* adoravam do que com o *ato* de adoração em si. Ele criticou aqueles que adoravam mais sua própria *forma de adoração* do que ao próprio Deus.

Na época eu não tinha conhecimento de nenhum atrito entre o Agape e alguma outra igreja cristã, mas após fazer a pesquisa para este livro vi que aqueles comentários eram claramente uma resposta ao que certos fundamentalistas tinham dito sobre Beckwith e sua igreja.

Quanto a mim, o culto do Agape de Beckwith foi a experiência mais enaltecedora que eu já tivera em uma igreja ou ambiente "espiritual". O coro era fantástico! Se você vive em Los Angeles ou estiver visitando a cidade num domingo, a fascinante oportunidade de ouvir o sermão poderoso de Blackwith, além de estar em comunhão com um grupo de pessoas tão amorosas e maravilhosas, é um acontecimento fenomenal que eu recomendo sem reservas a qualquer um!

3
ABRAHAM E A
LEI DA ATRAÇÃO

> Você é exigente com o carro que dirige.
> Você é exigente com o que veste.
> Você é exigente com o que coloca na boca.
> Nós queremos que você seja ainda mais exigente com o que pensa.
>
> Abraham-Hicks

Jerry Hicks e sua esposa Esther cresceram em famílias tipicamente cristãs no oeste dos Estados Unidos. Jerry se descreve como um homem que passou a vida toda em busca da verdade. Com vinte e poucos anos ele fez experiências com amigos em um tabuleiro ouija e descobriu que realmente tinha a capacidade de se comunicar com algo "do outro lado". O tabuleiro ouija o orientou a ler tudo que caísse em suas mãos sobre Albert Schweitzer. Porém, o tabuleiro acabou assustando sua mulher, e ele parou de usá-lo.

NAPOLEON HILL E *SETH SPEAKS*

Depois, Jerry leu *Pense e enriqueça*, de Napoleon Hill, que o inspirou a criar uma empresa com a qual ele e vários outros ficaram ricos. Mas ainda havia em algum lugar uma verdade fundamental que escapava, e que ele queria saber mais do que qualquer outra coisa.

Então Jerry entrou em contato com a série de livros publicada na década de 1970 por Jane Roberts, psicografando um ser que chamava a si mesmo de "Seth". Jerry achou os livros absolutamente fascinantes (assim como eu). Mais uma vez, Esther entrou em pânico com a idéia de uma entidade incorpórea falando por intermédio do corpo de alguém vivo, mas começou a relaxar assim que se deu conta de que as opiniões de Seth sobre a imensa gama de personalidades não-físicas eram semelhantes ao modo como muitas pessoas com corpos viam a si mesmas. Por exemplo: Seth descrevia algumas entidades como "apenas absolutamente idiotas", mas tinha profundo respeito por outros seres. A intuição de Esther dizia a ela que a informação de Seth "parecia boa", e essa era a base segundo a qual orientava sua vida. Hoje Esther atribui ao seu encontro com os livros de Seth o impulso que a lançou na jornada de incorporar entidades para grandes platéias.

Esther ficou tão entusiasmada com o que leu no primeiro livro de Seth que decidiu conhecer Jane Roberts pessoalmente e ler todos os outros livros de Seth. Infelizmente, Jane Roberts acabara de morrer. Em seguida o casal conheceu um médium que os ensinou a meditar, algo que nunca tinham feito antes. Eles começaram a praticar em períodos de 15 a trinta minutos diários, aprendendo a limpar suas mentes do que é conhecido como "falatório mental".

ABRAHAM ENTRA EM CENA

O resultado das experiências de Esther foi completamente inesperado... ela vivenciou uma forte sensação física de "arrepio", e as palavras em sua mente eram: "Sou seu guia espiritual. Sou Abraham." Suas mãos foram poderosamente arrastadas para a máquina de escrever, causando grande preocupação nela e em Jerry pela força que a levava a datilografar.

Durante os meses seguintes Esther datilografou os ensinamentos de Abraham por 15 minutos todos os dias. Depois Abraham começou a falar por intermédio de sua voz, com um sotaque ligeiramente diferente do seu. Hoje Esther diz um rápido adeus antes de entrar em transe e "encontrar Abraham".

Segundo uma gravação em áudio MP3[1] de Abraham disponível no site Abraham-Hicks, o vocabulário e o conhecimento básico de Esther são acessíveis à entidade coletiva Abraham, para que possa falar bem o inglês americano vernacular, mas as perspectivas mais amplas transmitidas pela consciência coletiva imaterial chamada "Abraham" não se originam na mente de Esther.[2]

O primeiro arquivo de MP3 começa afirmando que aquela comunicação é uma introdução dos seres imateriais aos materiais, algo que ambas as dimensões queriam havia muito tempo. Abraham continua, explicando que há muitos seres imateriais ao redor de nós e que há muitas leis simples que guiam tudo, seja material ou imaterial.

O grande objetivo da entidade coletiva Abraham é abrir a passagem entre os aspectos físico e não-físico daqueles que ouvem. Abraham descreve uma pessoa que realmente está satisfeita com tudo o que acontece na Terra como um "Permissor". A entidade coletiva Abraham deseja ajudar as pessoas a identificar e expressar seu propósito de vida.

Abraham-Hicks: Principais ensinamentos

Para Abraham-Hicks os seres humanos são "espíritos reencarnados", isto é, projeções materiais de seus aspectos imateriais, e fundamentalmente ligados a Tudo que É. Abraham ensina que os seres humanos escolheram reencarnar em seus corpos físicos com o objetivo de experimentar alegria, liberdade, criatividade e crescimento. Também ensina que nossos pensamentos são muito poderosos e que é melhor administrá-los para não produzirmos circunstâncias indesejadas. Podemos ser, fazer ou ter tudo o que conseguirmos imaginar. Nós escolhemos tudo em nossas vidas, estejamos ou não conscientes, por isso é importante que tenhamos consciência do que escolhemos.

O Universo adora cada um de nós e está constantemente nos orientando nos caminhos que escolhemos, de modo que possamos relaxar com o conhecimento de que "Tudo está bem". Ninguém pode impor limites ao pensamento de ninguém, e não há limites para as prazerosas jornadas que podemos realizar. Qualquer ação nossa e qualquer dinheiro que usamos devem ser um subproduto de nossa concentração na felicidade. Podemos deixar nossos corpos sem dor ou doenças, e na verdade não morremos, já que somos Vida Imortal. Nosso estado natural é o de Eternidade.[3]

Mais uma vez temos aqui a corrente monista, com a visão de mundo igualmente otimista e positiva que identificamos nos ensinamentos unitaristas, com o acréscimo de uma orientação para "sentir-se bem". Pelo que sei, os dois grupos nunca tinham se ligado antes, mas aparentemente *O Segredo* pode ter tido o mérito de colocá-los em contato, já que suas filosofias são similares.

A Lei da Atração

Abraham ensina que a Lei da Atração é a mais importante lei do universo e que quase tudo em sua vida é reflexo dos seus pensamentos dominantes. Você pode se valer do poder dessa lei de modo deliberado, em vez de por omissão. O processo de projetar sua intenção, visualizar e sentir sua realidade é muito poderoso e eficiente. Isso pode ser feito com visões mais amplas e também momento a momento, de forma que você pode pré-pavimentar os segmentos de sua trilha, no papel de autor de sua vida.

Abraham faz uma distinção fundamental entre "permissão" e "tolerância". A permissão é fundamental no processo de intenção e criação deliberadas, enquanto a tolerância é uma condição de se comprometer energeticamente com aquilo que você não escolheu.

THE ASTONISHING POWER OF EMOTIONS

Jerry e Esther Hicks ficaram tão empolgados com a clareza e a facilidade prática das palavras traduzidas de Abraham que começaram a partilhá-las com seus sócios mais próximos. Quando essas pessoas começaram a fazer a Abraham significativas perguntas pessoais referentes a suas finanças, condições físicas e relacionamentos, os Hicks decidiram que estava na hora de começar o show, de modo que os ensinamentos de Abraham estivessem disponíveis para o cada vez maior círculo de interessados.

Desde então Jerry e Esther publicaram mais de seiscentos livros, CDs, fitas cassete, DVDs e vídeos Abraham-Hicks, e fazem as oficinas abertas e interativas Art of Allowing em até sessenta cidades por ano.

Seu último livro, *The Astonishing Power of Emotions: Let Your Emotions Be Your Guide*, ensina que os seres humanos são uma "fonte de energia" atualmente incorporada em forma física. Quando as pessoas se projetam em seus corpos físicos, elas vêem ao redor delas uma série de coisas que inspira uma série constante de novas preferências. Cada uma dessas novas preferências, anunciadas ou não, se projeta da pessoa como um "foguete de desejo" para dentro do que Abraham chama de "fundo vibracional".

"Foguetes de desejos" emanam das pessoas todos os dias. Quando uma pessoa reconhece algo que não quer, um "foguete de desejo" vibra no interior daquela pessoa e de seu aspecto imaterial maior e ressoa com a coisa indesejada, tornando-se seu equivalente vibracional. Geralmente, há uma dualidade dentro de cada pessoa; dois pontos de referência vibratória em interação constante: 1) onde ela está naquele momento em oposição a 2) onde ela preferia estar.

O que Abraham gostaria que as pessoas se perguntassem todos os dias, e o dia inteiro, é: "A parte de mim física e mortal, com tudo o que eu estou pensando e fazendo, corresponde vibracionalmente à parte de mim ampliada, vibracional?"

Porque se *há* uma correspondência vibracional, então não apenas é naquele momento uma correspondência com a parcela maior do ser humano, mas também com o fundo vibracional que está lá, onde a maior parte da pessoa está. Em outras palavras, a pessoa está alinhada com seu eu superior.

The Astonishing Power of Emotions foi escrito em resposta à ânsia das pessoas de aprender sobre a Lei da Atração em função de *O Segredo* e à crescente consciência da população de que as pessoas de algum modo criam suas próprias realidades. Contudo, Abraham diz que a maioria das pessoas não compreende *como* criar.

Segundo Abraham, a chave para criar o que você quer é compreender como se sente no presente em comparação com como se sentiria se realmente tivesse o que quer. Fazer um exercício como este é uma grande forma de tomar as rédeas de seus processos de raciocínio e aprender como criar sua realidade.

O livro apresenta 33 exemplos de todos os tipos de coisas que podem acontecer na vida de alguém. Abraham alega que, se o leitor investigar os exemplos na seqüência em que são apresentados, no momento em que tiver lido todos os 33 exemplos estará sintonizado e em alinhamento vibratório com o que realmente quer, e novamente alinhado com o que realmente é.

> Você teve acesso ao poder que cria mundos durante muito tempo e não sabia disso. Você está tateando com a criação, com ações orientadas, muitas vezes contra a corrente, de uma forma medíocre. Quando você começar a se sintonizar com a energia de quem realmente é, irá começar a criar, como pretendeu.[4]

No conjunto, eu gosto de ouvir o que Esther-Abraham diz; em sua maioria as informações são calmantes e amorosas. Não acho que possam fazer mal a ninguém, desde que sejam pessoas de mente e corpo sadios, mas se "fazer o que faz você se sentir bem" é cultivar o deletério hábito de consumir drogas, então pode haver problemas se essa pessoa seguir os ensinamentos de Abraham...

Reação geral a "Abraham"

É impressionante como *O Segredo* recebeu tão poucos ataques, tendo sido grandemente inspirado por mensagens transmitidas por um grupo de consciências desencarnadas que chamam a si mesmas de "Abraham" e que são "canalizadas" por uma mulher chamada Esther Hicks. Eu não vi praticamente nenhum dos escárnios lançados contra as atividades mediúnicas da canalização de Abraham por Hicks quanto em minha pesquisa sobre a canalização de Ramtha por JZ Knight.[5]

O modo anticonvencional pelo qual o grosso do material de *O Segredo* foi obtido é raramente mencionado, e quando é, mesmo por uma publicação hegemônica como o *New York Times*, não é acompanhado de questionamentos. Isso pode ser fruto da natureza relativamente saudável, "sinta-se bem", das mensagens de Abraham, em oposição aos devaneios eventualmente esquisitos de Ramtha...

Talvez um dia se desenvolva uma ciência que possa mapear as muitas dimensões e os muitos mundos invisíveis que foram descritos ao longo da história por incontáveis civilizações. Enquanto isso, sempre haverá aqueles que verão fenômenos como "Abraham" como uma gigantesca fraude.

Por mais que eu aprecie as mensagens de Abraham, não tenho dúvida de que o rompimento dos laços entre *O Se-*

gredo e a faceta "mística" dessa consciência grupal incorpórea serviu apenas para ajudar a aumentar as vendas de filme e livro.

Mas embora a ruptura possa ter ajudado a aumentar as vendas de *O Segredo*, Hicks teme que isso tenha como conseqüência a destruição do verdadeiro significado da Lei da Atração:

> Os Hicks pregaram a lei da atração enquanto viajavam com Abraham por 21 anos. A exposição da sra. Byrne à idéia é mais recente [2004] (...)

Os Hicks dizem que o que mais os incomoda na segunda versão de *O Segredo* é que aqueles que a assistem não estão recebendo explicações suficientes sobre a lei nem sendo informados de que sua descoberta foi possível por intermédio de um "acesso vibracional a uma inteligência mais ampla".

Projetando a voz de Abraham, sentada em um banco de couro macio em seu *motor-home*, falando de si mesma na terceira pessoa, ela disse: "A preocupação de Esther é que eles destruam essa informação porque na verdade não a conhecem."[6]

4
O PELOTÃO DE
CANJA DE GALINHA

> O desejo de riqueza na verdade é o desejo de uma vida mais rica, plena e abundante; e esse desejo é louvável.
>
> Wallace D. Wattles, *A ciência de ficar rico*

Em uma época em que o salário anual de um administrador de fundo de *hedge* pode ser de 600 milhões de dólares enquanto endividados de classe média não conseguem pagar seus empréstimos, é compreensível que a riqueza seja uma obsessão nacional e que *O Segredo* chame muito a atenção das pessoas.

Muitos dos orientadores de sucesso nesse filme suportaram pobreza extrema, e um número surpreendente deles chegou até a não ter um lar. Com o compromisso infatigável com sua própria visão, todos eles conseguiram criar vidas de abundância e crescer financeiramente. Além disso, a maioria deles também é rápida em destacar que a riqueza financeira é apenas um dos aspectos de uma vida de abundância.

JACK CANFIELD: INCANSÁVEL

Provavelmente um dos mais conhecidos dos professores de *O Segredo*, Canfield é o criador, juntamente com o co-autor Mark Victor Hansen, do megasucesso *Canja de galinha para a alma*, uma série de livros exaltada pela revista *Time* como "o fenômeno editorial da década". Ele alega ter mais de 115 títulos e 100 milhões de exemplares em catálogo em 47 idiomas, e, segundo o *USA Today*, Canfield e Hansen foram os autores com mais livros vendidos nos Estados Unidos em 1997. Canfield foi entrevistado em mais de mil programas de rádio e televisão, incluindo *Oprah, 20/20, Inside Edition, The Today Show, Larry King Live, Fox and Friends, The CBS Evening News, The NBC Nightly News, Eye to Eye*, o *Talk Back Live!* da CNN, *PBS*, *QVC* e muitos outros. Ele escreve uma coluna distribuída para 150 jornais de todo o mundo, e seu programa de rádio *Chicken Soup for the Soul* é transmitido para toda a América do Norte.

Como principal executivo da Chicken Soup for the Soul Enterprises, um império bilionário que engloba atividades de licenciamento, comercialização e editoração por todo o planeta, Canfield é provavelmente o mais claramente realizado entre seus colegas de *O Segredo*. Rhonda Byrne pode estar a caminho disso, mas a maioria dos outros professores do filme não chega nem perto.

A persistência de Rhonda em produzir e distribuir seu filme ecoa aquela de Canfield em lançar seu primeiro livro com Mark Victor Hansen. Após serem recusados por mais de cem editoras e depois abandonados por seu agente, eles finalmente decidiram percorrer todos os estandes de uma feira editorial comercial. Eles acabaram fechando um contrato sem adiantamento com a Health Communications Inc. (HCI), da Flórida, hoje uma grande editora independente de sucesso, mas que na época não teria sido a primeira escolha de muitos autores, nem mesmo de Hansen e Canfield.

A perseverança deles provavelmente é o que os distingue da maioria dos autores, ou, na verdade, da maioria das pessoas. Não apenas eles insistiram além do razoável na busca de um editor, como foram incansáveis na divulgação do livro. Quando ele foi lançado não despertou imediatamente grande atenção, mas, depois de um encontro inspirador com um médium, disse Canfield ao *Share's Guide* de Dennis Hughes:

> Tivemos a idéia de fazer cinco coisas todos os dias para divulgar o livro. Isso poderia significar autografar cinco livros e dá-los às pessoas de graça. Poderia significar fazer palestras em igrejas, mandar exemplares grátis para resenhistas ou dar cinco entrevistas no rádio. Havia cinco coisas que fazíamos todos os dias, então sempre estava acontecendo algo para divulgar o livro. Um dia, escrevi uma carta ao editor de uma publicação chamada *L.A. Parents*. O livro incluía uma história sobre criação de filhos, então eu pedi que eles a reproduzissem. Em tro-

ca, solicitei que no final eles colocassem uma nota informando que o texto tinha sido extraído de *Canja de galinha para a alma*. Ele gostou tanto da história que nos disse haver muitas outras revistas sobre criação de filhos espalhadas pelos Estados Unidos. Ele me ajudou a mandar o artigo para todos os editores, e conseguimos 55 reproduções. Acho que essa foi uma das coisas que ajudaram o livro a decolar.[1]

Aquilo foi chamado por eles de "A regra dos cinco", mas na verdade era o bom e velho marketing de guerrilha; se valer de todas as possibilidades que eles tinham para fazer com que as pessoas falassem do livro. Esse foi o segredo deles, e eles aplicaram a mesma busca incansável do sucesso em toda a série de livros que se seguiu ao sucesso do primeiro, o que resultou em dezenas de milhares de livros vendidos em todo o mundo.

Canfield, como a maioria de seus colegas, é muito bom em orientação. Ele tem orientadores empresariais, orientadores de texto, orientadores financeiros e orientadores de planejamento estratégico para si mesmo, além de administrar um negócio de orientação de grande sucesso.

Ele também é muito sofisticado no modo como usa a internet para ampliar a visibilidade de seus produtos, oferecendo artigos para reprodução gratuita, desde que com os devidos créditos. Acho que vale a pena reproduzir um deles aqui para dar uma amostra de seus textos motivacionais – mas lembre-se, são anúncios!

AS SETE GRANDES DICAS DE JACK CANFIELD PARA O SUCESSO

1. *Assuma 100% de responsabilidade por sua vida.* Um dos grandes mitos de nossa cultura atual é o de que você tem o direito a uma grande vida – que de algum modo, em algum lugar, alguém é responsável por encher nossa vida de alegria contínua, excitantes possibilidades profissionais, agradável tempo com a família e relacionamentos pessoais encantadores apenas porque existimos. Mas a verdade é que só há uma pessoa responsável pela qualidade de sua vida. Essa pessoa é VOCÊ.

2. *Deixe claro por que está aqui.* Eu acredito que todos nós nascemos com um propósito na vida. Identificar, reconhecer e honrar esse propósito é talvez a coisa mais importante que as pessoas de sucesso fazem. Elas reservam um tempo para compreender o que devem fazer aqui – e depois perseguem esse objetivo com paixão e entusiasmo.

3. *Decida o que quer.* Uma das principais razões pelas quais as pessoas não conseguem o que querem é porque elas ainda não decidiram o que querem. Elas não definiram seus desejos em detalhes claros e instigantes (...) O que é o sucesso para você?

4. *Acredite que é possível.* Os cientistas costumavam acreditar que os humanos reagiam às informações que chegavam ao cérebro vindas do mundo exterior. Mas hoje eles estão aprendendo que reagimos ao que o cérebro, com base em experiências anteriores, espera que aconteça a seguir

(...) De fato, a mente é um instrumento tão poderoso que pode dar a você literalmente tudo o que deseja. Mas você precisa acreditar que o que quer é possível.

5. *Acredite em si mesmo.* Se você pretende ter sucesso na formação da vida dos seus sonhos, precisa acreditar que é capaz de alcançar seu objetivo. (...) Chame você de autoestima, autoconfiança ou fortalecimento pessoal, é uma crença profunda de que você tem o necessário – capacidades, recursos interiores, talentos e habilidades para produzir os resultados desejados.

6. *Transforme-se em um paranóico às avessas.* Imagine como será muito mais fácil ser bem-sucedido na vida se você estiver o tempo todo esperando que o mundo o apóie e lhe ofereça oportunidades. Pessoas de sucesso fazem exatamente isso.

7. *Liberte o poder de estabelecimento de metas.* Especialistas na ciência do sucesso sabem que o cérebro é um organismo que busca metas. Qualquer que seja a meta que você dê a sua mente subconsciente, ela irá trabalhar dia e noite para atingir (...).[2]

LISA NICHOLS: O DOM DE INSPIRAR E CAPACITAR

Nichols foi uma das substitutas de Esther Hicks quando Rhonda a cortou de *O Segredo*. Provavelmente por sugestão de Jack Canfield, Byrne recrutou Nichols, autora de sucesso de dois livros *Canja de galinha* (para grande vergonha do professor de inglês de Nichols na escola, que disse que ela era "uma das que pior escreviam").[3]

O que eu acho bom em Nichols é que, embora ela realmente acredite na Lei da Atração, a visão que tem dela não é absolutista como a de Rhonda e a de alguns dos outros professores de *O Segredo*. Nichols admite que existe sorte e que crianças doentes não necessariamente atraem cânceres para si mesmas.[4]

Em 2000, Nichols criou a Motivating the Teen Spirit LLC, que tem um didático programa de fortalecimento de habilidades para o desenvolvimento pessoal de adolescentes. Segundo o site de Nichols, "em janeiro de 2007 sua empresa tinha produzido um impacto nas vidas de mais de 60.486 adolescentes, impedido mais de 1.812 suicídios, reaproximado milhares de adolescentes de seus pais e estimulado mais de 987 adolescentes a retornar à escola".[5]

Nichols faz palestras, oferece cursos e seminários e é possível comprar várias de suas palestras em CD. Empresas de organizações de grande e pequeno porte contrataram Lisa como palestrante em diversos países do mundo.

Nascida em Los Angeles há quarenta anos, ela é mãe solteira e não chegou ao sucesso sem uma boa dose de esforço. Criada no South Central, um conhecido bairro de Los Angeles, ela diz: "Eu cresci em uma região com muito crime, violência e energias ruins. Não me considerava bonita, mas sempre sonhei em me tornar conferencista internacional." Sempre em dificuldades financeiras, ela abandonou a Universidade Linfield de Oregon na metade de seu segundo ano.

Nichols perseguiu o sonho de dar palestras motivacionais obstinadamente e com uma impressionante persistência, característica comum a muitos dos professores de *O Segredo*. Diz ela: "Em 1996 eu comecei um período de três anos em que falei de graça, e depois as pessoas passaram a pagar pelas palestras. Eu não me senti desencorajada quando ouvi nãos. Eu insisti, porque sabia que no final as pessoas iriam descobrir a importância do que eu estava fazendo."[6]

Quem assina os boletins informativos de Nichols, e-mails mandados através de seu site, recebe cartas que começam basicamente como a seguinte:

> Você pode transformar significativamente sua vida com esta dica que eu vou dar a você hoje. Ela é tão importante e tão incrível que eu quero que você leia este e-mail duas ou três vezes todos os dias! Coisas boas certamente surgirão em seu caminho.
>
> A Lei da Atração começa e termina com gratidão.
>
> Eu repito: A Lei da Atração começa e termina com gratidão.
>
> Nunca se esqueça disto. Esta provavelmente é a coisa mais importante de lembrar enquanto aplica esta maravilhosa lei universal em sua vida cotidiana.
>
> Seja sinceramente grato pelo que tem. Quanto mais grato for, mais coisas boas surgirão em seu caminho. Você verá.

Material semelhante é encontrado em seu "Boletim especial criado para os espectadores do *Oprah Winfrey Show*" (ela foi uma das convidadas nos programas de Oprah que vasculharam todas as coisas *secretas*):

> Os três passos de Lisa Nichols para a Lei da Atração, como revelada no filme *O Segredo*:
> 1. Peça ao universo o que você quer.
> 2. Acredite que isso já é seu.
> 3. Esteja pronto para receber.
>
> Peça e acredite, e você irá receber. Parece quase mágico, não? Mas é assim que o universo funciona!

Contudo, Nichols dá conselhos mais práticos sobre como fazer a Lei da Atração funcionar:

> O maior mito que as pessoas cultivam sobre a Lei da Atração é o de que basta você pedir algo, preparar um café, sentar-se, cruzar as pernas e simplesmente esperar que o gênio apareça. Mas este não é um processo passivo.
>
> Não há nada na Lei de Atração dizendo que você deve permanecer imóvel. Você precisa estar em ação em relação ao que quer. Você se comprometeu em criar algo, e o universo dá a você as idéias criativas e os recursos para agir e fazer acontecer.
>
> Quando você encontra a pessoa certa no momento certo, cabe a você seguir em frente ou falar com ela. Quando o universo envia a você uma idéia de um novo livro, cabe a você começar a escrever.
>
> Você é um participante ativo de sua vida, um participante ativo do universo. Na verdade, você provavelmente

se tornará ainda mais ativo, porque a Lei da Atração dará a você mais oportunidades do que jamais sonhou.[7]

MARCI SHIMOFF: *HAPPY FOR NO REASON*

Shimoff se descreve como "a face feminina do maior fenômeno da história entre livros de auto-ajuda, *Canja de galinha para a alma*". Autora de seis livros da série, ela se tornou uma das principais autoras de auto-ajuda do mundo.

Presidente e uma das fundadoras do Esteem Group, ela faz palestras e seminários sobre auto-estima, capacitação pessoal e alto desempenho em empresas, organizações profissionais e não-lucrativas e associações de mulheres. Sua lista de clientes inclui muitas empresas que estão entre as mais bem-sucedidas dos EUA, entre elas AT&T, General Motors, Sears, Amoco, Western Union e Bristol-Myers Squibb. Ela também é fundadora e diretora do Transformational Leadership Council, de Jack Canfield.

Ótima na promoção pessoal, Shimoff é uma veterana de mais de quinhentos programas nacionais e regionais de televisão e rádio; foi entrevistada para mais de cem matérias em jornais de circulação nacional, e seus textos foram publicados em revistas femininas de circulação nacional, como *Ladies Home Journal* e *Woman's World*.

Demonstrando sua própria auto-estima elevada, Shimoff está saindo da sombra da série *Canja de galinha*, de Jack Canfield e Mark Victor Hansen, e publicando seu novo livro, *Happy for No Reason: Seven Steps to Being Happier Right Now*, pela Simon & Schuster (a editora de *O Segredo*, vale lembrar). O exemplar promocional do livro nos diz:

> Todos querem ser felizes – é o objetivo de tudo que fazemos. Mas muitas pessoas são infelizes hoje: uma em cada cinco mulheres nos Estados Unidos usa antidepressivos! O que estamos fazendo de errado? Nós claramente precisamos de uma nova abordagem de como ser feliz. *Happy for No Reason* apresenta três impressionantes novas idéias e um programa prático que irá mudar para sempre o modo como você encara a geração de felicidade em sua vida.
> 1. A felicidade não é uma emoção, um surto de animação ou euforia. A verdadeira felicidade é um estado neuropsicológico duradouro de paz e bem-estar.
> 2. A verdadeira felicidade não se baseia no que fazemos ou temos – não depende de razões ou circunstâncias externas.
> 3. Uma pesquisa recente mostra que todos temos uma disposição para a felicidade que é aproximadamente 50% genética e 50% aprendida. Não importa o que aconteça a nós, tendemos a retornar a um determinado patamar de felicidade. E da mesma forma como ajustaríamos o termostato do aquecedor de modo a conseguir conforto em um dia frio, de fato podemos reprogramar nosso patamar de felicidade para um ponto mais alto de paz e bem-estar.
> Nós estamos ocupados demais tentando mudar o mundo exterior para conseguir mais felicidade, quando

o que realmente precisamos fazer é mudar nosso patamar de felicidade. *Happy for No Reason* nos mostra justamente como fazer isso![8]

Happy for No Reason é também o título de uma de suas palestras. (As outras são *The Heart of The Secret, Chicken Soup for the Soul, Chicken Soup for the Woman's Soul* e *Living with Esteem: Becoming a Peak Performer*.) Shimoff, que tem um MBA da Universidade da Califórnia e um certificado avançado como consultora de administração de estresse, evidentemente se sente feliz, mas no seu caso parece haver vários motivos.

5
Os conselheiros de riqueza de *O Segredo*

> Para a pessoa que realmente deseja estar em sintonia, hoje a preparação total envolve mais do que um simples programa de condicionamento físico. Inclui condicionamento em todas as áreas da vida cotidiana. Por exemplo: se suas finanças estão fracas e fora de forma, e você está constantemente preocupado e frustrado com isso, como espera ter um preparo físico verdadeiro e completo?
>
> Dr. John Demartini, palestrante motivacional

Embora alguns dos sites[1] e livros desses professores possam levar as pessoas a sair correndo e gritando na direção oposta, eu consegui, em alguns momentos, interagir com alguns deles, bem como com vários outros membros do Transformational Leadership Council. Eu percebi que, além de serem indivíduos realmente impressionantes, excepcionalmente amorosos, inteligentes, encantadores e muito inspiradores, eles também são gênios do marketing. O negócio deles é transformação pessoal, e seus programas são concebidos para atingir a maior platéia possível. Desse modo, embora algumas pessoas de formação mais trabalhada ou "sofisticada" possam eventualmente considerar esses programas um tanto simplórios, sua eficácia na conquista de um mercado mais amplo é inquestionável.

BOB PROCTOR: SEM APOSTAS

Escritor, palestrante, conselheiro, consultor de empresas, empreendedor e autodefinido "professor do evangelho do pensamento positivo", Bob Proctor diz pertencer à linhagem de Napoleon Hill, Earl Nightingale e Wallace D. Wattles, e sua missão é mostrar a seus clientes como colocar em prática seus ensinamentos e como ter sucesso em qualquer empreitada.

> Talvez a razão pela qual Bob Proctor compreenda tão bem os fatores que limitam o sucesso das pessoas seja o fato de que ele teve uma existência sem objetivo e sentido nos primeiros 26 anos de sua própria vida. Nascido em uma cidadezinha no norte de Ontário, Canadá, com a baixa auto-estima que freqüentemente se abate sobre o filho do meio, ele teve um desempenho ruim na escola, abandonou os estudos e tentou a Marinha. Depois, passou por vários empregos sem futuro até um amigo ver em Bob um potencial que ele mesmo não identificava. *Esse amigo apresentou a Bob o conceito de desenvolvimento pessoal por intermédio do clássico de Napoleon Hill,* Pense e enriqueça. *Com a fagulha acesa pelas palavras*

de Hill, Proctor teve a iniciativa de abrir um negócio de limpeza de escritórios que *ele conseguiu tornar internacional no primeiro ano de operação*. Depois dessa experiência – depois de ver do que era capaz apenas com um conhecimento rudimentar de motivação pessoal e objetivo – ele ansiava por mais informação. Sua busca o levou à organização Nightingale-Conant para estudar com seu mentor, Earl Nightingale. Entrando para a equipe, ele ascendeu rapidamente. Finalmente, enquanto a organização Nightingale-Conant assumia a linha de frente na ampla distribuição de programas de desenvolvimento pessoal, *Bob sentiu a necessidade de levar suas idéias e seus métodos diretamente aos indivíduos,* no nível pessoal que tinha se mostrado tão bem-sucedido com ele mesmo (itálicos do *webmaster*).[2]

Proctor é autor do sucesso internacional *You Were Born Rich* e outros livros, como *Mission in Comission, The Winner's Image, The Goal Achiever, The Success Series, The Success Puzzle, The Recruiting Puzzle* e *Being Your Very Best*.

Assim como eu tinha ficado encantada e impressionada com a participação de Proctor em *O Segredo*, fiquei igualmente desapontada com o último empreendimento de Proctor na internet, em parceria com os colegas professores Jack Canfield e Michael Beckwith, dois outros homens pelos quais tenho grande respeito.

O produto que eles vendem na internet, "SGR: Science of Getting Rich Seminar", consiste em um exemplar do livro *A ciência de ficar rico*, de Wattles; um MP3 carregado com palestras motivacionais dos três autores; dez CDs e transcrições impressas dos mesmos registros; "quadros de visualização" (que são iguaizinhos aos quadros brancos para escrita a caneta que podem ser comprados nas lojas); uma "elegante maleta de couro" (que provavelmente demandou que um trabalhador escravo chinês inalasse vapores cancerígenos para que ela pudesse ser vendida para o pessoal da SGR por menos de um décimo de seu valor real...) e "Uma oportunidade de mudar sua vida: telefonemas de aconselhamento de Bob Proctor".[3] Tudo por apenas 1.995 dólares.

Sem dúvida, há algum valor no pacote "SGR", mas eu não posso deixar de ver nele uma voracidade financeira desses professores na esteira do sucesso de *O Segredo*. O projeto do site no qual o programa é vendido me fez lembrar das circulares da década de 1990 das empresas de marketing direto com prêmios, e a parafernália digital e o seminário me parecem um tanto caros para o público-alvo. Veremos.

Lee Brower: Empowered Wealth

Lee Brower é fundador e principal executivo da Empowered Wealth LLC, empresa de consultoria com sede em Bountiful, Utah (é de se perguntar se foi intencional escolher como sede uma cidade cujo nome significa fartura!). Embora não se defina como tal, ele não está longe de ser um profissional da nossa categoria favorita, um "professor de riqueza", dando consultoria a bem-sucedidas empresas, famílias, fundos, fundações, atletas profissionais e celebridades sobre como proteger e ampliar seu patrimônio. Ele também é sócio administrativo da Dedicated Radio LLC e sócio nacional do Private Consulting Group, uma corretora sofisticada especializada em soluções e estratégias financeiras para famílias e indivíduos ricos.

Ele promove o que chama de Empowered Wealth System, o conceito de Family Empowered Bank e o "Relevant" Living Trust, que, segundo ele, "se tornaram pedras fundamentais na construção de pontes que transportam a 'Verdadeira Riqueza' de uma família para as futuras gerações". Hummm. Bem, pelo menos sabemos que ele reconhece uma boa marca registrada e um nome de fantasia quando encontra um.

Brower também é partidário de um bom logotipo, e o da Empowered Wealth LLC apresenta um que é uma esfera multicolorida representando os quatro quadrantes da "Verdadeira Riqueza", que ele descreve como sendo:

> *Patrimônio Financeiro.* O patrimônio financeiro é identificado com o quadrante sudoeste, que representa aquilo em que a maioria das pessoas pensa quando ouve a palavra "patrimônio". Em outras palavras, "coisas" (...) como dinheiro, investimento, empresas, propriedades etc.
>
> *Patrimônio Humano.* O quadrante noroeste é o seu patrimônio humano. Esse patrimônio, quando considerado plenamente, tem valor superior ao de seu

patrimônio financeiro. Ele inclui os membros de sua família, saúde, alegria, tradições, valores e muitos outros patrimônios semelhantes.

Patrimônio Intelectual. O patrimônio intelectual fica no quadrante nordeste. A maioria das pessoas, quando pensa em patrimônio intelectual, pensa imediatamente em educação. O patrimônio intelectual também inclui experiências de vida, boas e ruins, reputação, alianças estratégicas, tradições etc.

Patrimônio Cívico. O quadrante sudeste representa seu patrimônio cívico. O governo define patrimônio cívico como aquilo que devemos transferir à sociedade para fazer o bem. Eles o chamam de impostos. Nós definimos patrimônio cívico como todas as contribuições, sejam financeiras, humanas ou intelectuais, que usam nosso patrimônio da forma mais eficiente em benefício da sociedade.[4]

A empresa se vê como o único sistema de aumento e administração de patrimônio que reconhece e aborda esses quatro quadrantes patrimoniais. Eles provavelmente estão certos.

Loral Langemeier: Esta vaqueira não fica triste!

Langemeier nasceu e foi criada em uma fazenda em Nebraska, Estados Unidos. Ela criou seu primeiro negócio real quando ainda estava na faculdade. Na verdade, na época ela já tinha a febre dos negócios havia algum tempo. Ela conta:

> [Eu] criei meu primeiro negócio aos 12 anos de idade, fiz outro aos 17, 24, continuando a construí-los. E eu sou uma grande construtora de empresas. Muita gente me diz: "Bem, tudo isso são propriedades." Bem, eu realmente fiquei rica com propriedades, mas realmente gosto de construir empresas, e de uma forma ou de outra eu passei a maior parte da minha vida fazendo isso. Eu tive orientadores desde o início da minha adolescência. Comecei na indústria da riqueza. Eu me formei em economia, então um dos meus orientadores foi um banqueiro local que me ensinou muito sobre bancos, investimento e economia, e depois decidi entrar para a indústria da saúde, fiz um mestrado em desenvolvimento humano e comportamento humano, fisiologia do exercício, permaneci na indústria da saúde por muito tempo e, mais uma vez, encontrei grandes orientadores que realmente me ajudaram a abrir caminho por isso desde que eu tinha quase 27 anos de idade.[5]

Ela então conheceu Rich Kiyosaki, de *Pai rico, pai pobre*, famoso sócio de Donald Trump (já parou para pensar por que nenhum dos dois é professor de *O Segredo*?), e durante cinco anos foi a única orientadora, facilitadora, treinadora e distribuidora da série *Pai rico, pai pobre*. Eles também divulgaram cerca de 17 outros palestrantes motivacionais e o que ela chama de "construtores de riqueza".

Então, por volta de 2001, ela criou sua própria empresa, LiveOutLoud Inc., que é basicamente um negócio de consultoria de riqueza, embora se defina como

> uma empresa educativa internacional com o compromisso de revolucionar o modo como as pessoas assumem responsabilidade por suas vidas financeiras. Nós defendemos a construção de riqueza para indivíduos, casais e sócios comerciais por intermédio da concepção, desenvolvimento e venda de modelos e ferramentas financeiras inovadoras.[6]

Como muitos dos seus colegas de *O Segredo*, ela é fã de *branding* pessoal, e deu a si mesma o título de "Criadora de Milionários", termo que usa nos títulos de seus livros: *The Millionaire Maker: Act, Think and Make Money the Way the Wealthy Do; The Millionaire Maker's Guide to Wealthy Cycle Investing* e, mais recentemente, *The Millionaire Maker's Guide to Creating a Cash Machine for Life*. Dependendo do que você pensa dele, o endosso do ex-administrador de fundo de *hedge* e atual estrela da televisão Jim Cramer (de *Mad Money*, da CNBC) pode ou não impressionar. "Você quer se igualar aos Jones? À vontade. Você quer dar uma surra nos Jones e no resto do bando? Não se limite a ler este livro; siga-o."[7]

Ela acredita que os americanos têm uma escolha em suas decisões financeiras e que qualquer um pode aprender a agir, pensar e ganhar dinheiro do mesmo jeito que os ricos fazem – e têm feito há gerações. Os programas de Loral incluem suas estratégias do "Ciclo de Riqueza", que ensinam as pessoas como produzir dinheiro e construir riqueza por intermédio de um ciclo contínuo de patrimônio e renda. Como parte do Ciclo de Riqueza ela mostra como qualquer um pode capitalizar suas habilidades e paixões e produzir caixa – ganhar milhões – construindo o que ela chama de Caixas Automáticos. Especialista popular e fotogênica, ela já apareceu em jornais e programas de televisão como *USA Today*, *Wall Street Journal* e *New York Times*, além de CNN e Fox News.

Além dos livros, ela oferece telesseminários, oficinas e orientação. Seus clientes variam de indivíduos e donos de pequenos negócios a grandes empresas, entre as quais Chevron, Franklin Covey, Arthur Anderson, Home Depot, Marriott, Dupont e Silicon Graphics.

Langemeier é adepta de investimento em imóveis, e oferece algo que chama de R.E.A.L. Workshop, que significa Real Estate As Leverage, ou "Imóvel como segurança". Disse ela ao entrevistador Andy O'Brian:

> O que eu acho é que quando você realmente administra seus imóveis como um negócio, está dizendo aos outros: "Eu agora invisto em imóveis e estou construindo um negócio para este". É absolutamente exeqüível. Ajudamos as pessoas a largar seus empregos, tornando-se investidores em imóveis em tempo integral. Eu já ajudei muitas pessoas a fazer a transição de seus empregos, fossem vendedores, pilotos, comissários de bordo, consultores de tecnologia da informação, técnicos e palestran-

tes. Quero dizer que eu ajudei muitas pessoas que deixaram seus empregos a se tornarem investidores em imóveis em tempo integral, mas, dependendo de quanto dinheiro elas têm e de quanto elas realmente conhecem, é preciso de seis meses a um ano para que alguém se integre plenamente ao negócio.

Muito exeqüível e, para mim, um dos maiores meios de construir riqueza. Sabe, eu fiquei milionária aos 34 anos de idade fazendo isso, em patrimônio bruto estamos chegando a mais de 50 milhões de dólares, e conseguimos isso literalmente em três ou quatro anos.[8]

Não espanta que ela realmente acredite!

JOHN ASSARAF: "O GAROTO DAS RUAS"

Nascido em 1961, John Assaraf é um dos fundadores (com Murray Smith) da OneCoach Inc., empresa de San Diego especializada em orientar pequenas empresas para o sucesso. Após construírem 17 empresas multimilionárias em diferentes setores, Assaraf e Smith acharam que tinham descoberto o segredo do sucesso, e criaram seu "OneCoach Business Mastery Program".

Assaraf viveu uma espécie de sonho americano, não exatamente da sarjeta à fortuna, mas, com um pai que era motorista de táxi, ele não foi exatamente criado para o sucesso empresarial. Ele nos diz que já foi membro de gangues de rua e vendedor de drogas, e chama a si mesmo de "Garoto das ruas". A mudança aconteceu aos 21 anos de idade, quando ele conheceu dois empresários que descreve como "os mais bem-sucedidos franqueadores de corretoras de imóveis do mundo, [com] 1.500 escritórios em 19 países, gerando mais de 15 bilhões de dólares por ano em vendas de imóveis".[9] Assaraf se associou a eles e ficou com a franquia RE/MAX de Indiana. Ele foi bem-sucedido em transformar aquela corretora decadente em um enorme sucesso. Ele também não perdeu o *boom* das ponto-com da década de 1990, e transformou a Bamboo.com, uma empresa de visitas virtuais a imóveis, em uma empresa cobiçada em apenas nove meses, posteriormente conseguindo uma fusão com a empresa de imagens digitais Ipix Corporation.

Com sua atual empresa OneCoach (a última se chamava The Street Kid Company – dá para ver como ele gosta desse apelido), Assaraf e seu sócio Smith somaram suas idéias e construíram outro negócio de sucesso, que eles descrevem como "comprometido em ajudar empreendedores e profissionais em aumentar o faturamento de suas pequenas empresas, de modo que eles consigam liberdade financeira e tenham vidas extraordinárias".

Assaraf apareceu em muitos programas de TV, entre eles *Larry King Live*, *The Ellen DeGeneres Show*, ABC, CBS e NBC, e é autor de *The Street Kid's Guide to Having it All*, um *best-seller* em várias listas. Como muitos dos outros professores em *O Segredo*, ele também é um palestrante muito popular e bem remunerado.

E o que ele ensina? Sua missão é nos mostrar como podemos "ter tudo" – boa saúde, grandes famílias, carreiras recompensadoras, amigos fiéis e muitos vínculos espirituais. Ele descreve as seis funções da mente consciente (razão, desejo, memória, percepção, imaginação e intuição) e as três funções da mente subconsciente (a que opera nossas funções corporais, a que regula nossos hábitos e a que estabelece a ligação com o resto do mundo).

Como muitos "gurus", Assaraf tende a fazer pronunciamentos bastante dúbios. Em seu ensaio "The One Major Key For Achieving Outstanding Results" ele escreve:

> Deixe-me explicar uma simples idéia que eu sei que irá abrir sua mente para realmente compreender seu verdadeiro potencial. Primeiramente, e acima de tudo, compreenda que a inteligência que o criou não cometeu erros em sua criação. Somos pura energia inteligente com capacidades impressionantes.[10]

DAVID SCHIRMER: GÊNIO OU CHARLATÃO?

Se já houve um professor claro quanto a seu materialismo é Schirmer. Sua biografia oficial diz que "Ele agora dirige o carro de seus sonhos, o último BMW M5, é dono de imóveis, muitas empresas e este ano terá uma renda pessoal de comércio e empresas acima de 1,5 milhão de dólares".[11]

Autodefinido como orientador de riqueza, empreendedor, investidor em ações e comerciante, Schirmer alega que seus "clientes ganharam em média apenas 30% ao ano nos últimos oito anos investindo em ações *blue chips*. Os Negociantes Profissionais que ele formou tiveram um retorno de até 50% por mês de forma consistente. Isso faz dele um dos maiores mestres em ações e *commodities* de nossa época".[12]

Sem brincadeira – como comparação, Warren Buffett, em geral considerado o mais bem-sucedido investidor de todos os tempos, conseguiu uma rentabilidade média anual pelos investimentos em ações do portfólio de sua empresa (Berkshire Hathaway), entre 1980 e 2003, de 27,09%.[13] Isso supera o retorno médio do índice de ações americano mais acompanhado, o Standard & Poors 500, em 12,24% no mesmo período. É de se perguntar por que não ouvimos falar mais do sr. Schirmer, considerando-se que seu sucesso faria Buffett corar. Podemos atribuir isso ao fato de Melbourne, na Austrália, estar mais distante dos refletores da mídia do que Omaha, Nebraska?

Bem, a terrível verdade pode ser que Schirmer é um charlatão e um ladrão. Pouco depois Schirmer colocou este *post* bastante rabugento no fórum de *O Segredo*:

Postado por David Schirmer 24/05/07 07:18h

Re: O que o fez sorrir hoje?

Quando um psicólogo bem-intencionado e de boa reputação disse hoje em uma entrevista no rádio que o

Segerdo [sic] é perigoso e não funciona (...) e que qualifiacções [sic] profissionais eu tenho para sustentar minhas alegações! Eu respondi calmamente que tenho um diploma em resultados (...) e que "Você é conhecido pelos seus frutos"! Eu tive de sorrir enquanto olhava pela janela de meu escritório em casa, da propriedade para a cidade, enquanto ele estava preso no trânsito dirigindo seu carro popular de casa para o emprego ao qual vai todo dia!!!![15]

O popular programa de rádio australiano *A Current Affair* transmitiu a primeira de uma série de entrevistas com investidores, alunos e ex-empregados de Schirmer, todos dizendo que ele os tinha fraudado em várias centenas de milhares de dólares. Em uma armadilha, quando Schirmer achava que estava sendo entrevistado sobre seu brilhantismo nos investimentos no estúdio do programa, com câmeras mostrando closes do seu rosto, o entrevistador o confrontou com imagens das entrevistas das vítimas. Em minha opinião, Schirmer reagiu como um sociopata clássico.[16] Seja lá o que for que valha, Schirmer colocou uma resposta no YouTube.[17]

6
TECNOLOGIA MENTAL

> Padrão de onda cerebral 101: A primeira coisa que você deve saber é que durante as 24 horas do dia células nervosas em seu cérebro estão gerando impulsos elétricos que flutuam ritmadamente em diferentes padrões chamados de padrões de onda cerebral – padrões intimamente ligados a seus pensamentos, suas emoções, seu estado de ser, ao funcionamento dos vários sistemas de seu corpo e, essencialmente, toda a qualidade de sua vida!
>
> www.Centerpointe.com

Alguns dos mais interessantes palestrantes de *O Segredo* dedicaram suas vidas a estudar os mecanismos de cognição humana e a psique. Seu objetivo é melhorar o desempenho em todos os empreendimentos e na qualidade de vida em geral, por intermédio de uma melhor compreensão da mente humana.

BILL HARRIS E HOLOSYNC

Em junho de 2007, tive a oportunidade de trabalhar como diretora de segunda unidade na filmagem de um documentário com título provisório de *The Gift*, com a participação de vários integrantes do Transformational Leadership Council, incluindo Bill Harris, de *O Segredo*. Isso aconteceu no inacreditável megaiate SeaDream, alugado por Make a Change Personal Discovery Journeys, organizado por Sydney Cresci, em um cruzeiro pelas rivieras francesa e italiana.

Durante o dia a equipe do filme e os palestrantes desembarcavam para filmar entrevistas em belas cidades mediterrâneas e depois retornavam ao iate, à noite, para a filmagem das palestras. O extremo luxo do iate, que tinha recebido as mais altas cotações de *Condé Nast Traveler*, *Travel & Leisure* e *Berlitz*, e a impressionante beleza dos portos que visitamos só eram superados pelas marcantes personalidades dos palestrantes.

Eu recomendo entusiasticamente um cruzeiro da Make a Change Personal Discovery Journeys a todos que puderem pagar por ele.[1] Felizmente para mim, meu passeio foi grátis (na verdade eu estava trabalhando 16 horas por dia fazendo um filme).

A oportunidade de conviver com Bill Harris e sua adorável noiva Denise, juntamente com muitos dos outros extraordinários palestrantes, me deu uma boa noção do negócio de transformação pessoal e empresarial enquanto eu os escutava conversando sobre trabalho.

Também desenvolvi uma profunda admiração e apreciação por aquelas pessoas adoráveis, que me trataram melhor do que qualquer outra pessoa que eu já tinha conhecido. Foi inacreditavelmente maravilhoso. Aquelas pessoas são uma fascinante e impressionante comunidade de pessoas que construíram carreiras de sucesso criando programas para ajudar outras pessoas.

Bill Harris tem um senso de humor deliciosamente cortante e ranzinza que eu achei totalmente inesperado. Imaginara que a pessoa que tinha concebido um dos programas de meditação de maior sucesso do mundo seria um camarada suave, de modo que seu azedume chamou minha atenção; sendo nova-iorquina, aprecio esse tipo de coisa!

Bill Harris é presidente e diretor do Centerpointe Research Institute e tem uma biografia rica e fascinante, incluindo três anos de faculdade de música, estudando com o compositor tcheco de fama mundial Tomas Svoboda e o compositor espanhol Salvador Brotons, além de ter tocado saxofone, flauta, clarinete e piano profissionalmente por mais de 40 anos. Ele também é piloto particular e CEO da Mercury Aviation LLC.

O maior impacto que ele teve no mundo em geral foi por intermédio da Centerpointe. Fundada por Harris e seu antigo sócio Wes Wait em 1989, ela atendeu em seus programas mais de 300 mil pessoas de 173 países.

O seu produto mais conhecido é o programa de meditação em áudio Holosync. Segundo a descrição da

Centerpointe, os inventores Harris e Wait usaram geradores eletrônicos de tom e contadores de freqüência emprestados de uma universidade local para gravar trilhas sonoras para uma série de 13 níveis de programa.

> A idéia inicial era recriar, com alta tecnologia moderna, a experiência de meditação normalmente limitada àqueles poucos dedicados dispostos a meditar durante muitas horas por dia ao longo de muitos anos. Para recriar esse segundo ingrediente do processo de meditação – a "recodificação" que ocorre quando os que meditam atingem um estado meditativo alterado e então reprogramam sua mente inconsciente se valendo de mantras, afirmações ou orações –, eles acrescentaram, a partir do segundo nível do programa, afirmações silenciosas escolhidas pelo participante e gravadas com sua própria voz e transmitidas usando a tecnologia de transmissão silenciosa de mensagens da Centerpointe chamada Autofonix.[2]

O programa utiliza batidas biauriculares para ajudar a pessoa a atingir diferentes estados meditativos que aumentam a capacidade de lidar com o estresse e sentir mais paz. Pelo menos isso é o que dizem, e Harris não se envergonha de transformar isso em um sofisticado argumento de vendas escrevendo em um e-mail: "com a Holosync Solution você irá meditar mais profundamente que um monge zen apenas apertando um botão. E, como pesquisas recentes provam, você não apenas terá uma vida mais feliz com meditação diária, você também viverá mais." Para maiores informações da empresa sobre como isso funciona, acesse o site da Centerpointe e leia o artigo "Special Report: How the Holosync Technology Works".[3]

Em uma conversa entre Bill Harris e Ken Wilber publicada na revista *Integral Naked*, de Wilber, eles debateram como a pesquisa mostra que são necessários pelo menos dois conceitos para compreender corretamente a consciência: estados e estágios. Todos, incluindo bebês, experimentam os três principais estágios de consciência: 1 – vigília; 2 – sonho e 3 – sono. Embora algumas pessoas eventualmente experimentem sonhos lúcidos, a maioria das pessoas só está consciente durante a vigília.

Por intermédio de práticas como a meditação, a pessoa pode desenvolver estágios que a permitem transformar os estados temporários (como os estados de ondas cerebrais mais longas associados à hiperconsciência) em *capacidades permanentes* que podem ser utilizadas quando desejado. Ken explica que estágios de consciência se revelam e desenvolvem com o tempo, criando estruturas na psique (ou, na verdade, nas trilhas neurais, segundo outros pesquisadores[4]), permitindo que estados mais elevados de consciência se tornem aquisições permanentes. Ken defende a idéia de que máquinas cérebro-mente podem induzir mudanças nos estados cerebrais e acelerar o crescimento por intermédio dos estágios de consciência, e ele recentemente endossou o Holosync aos assinantes de seu boletim informativo por e-mail.

Usando o equipamento da Holosync, se uma freqüência de 100 hertz for tocada em um ouvido e uma freqüência de 108 hertz no outro, o cérebro naturalmente irá se sincronizar na diferença entre as duas: 8 hertz. Essa é a "batida biauricular", e neste exemplo o cérebro irá entrar em um estado alfa-baixo. Foi demonstrado que tecnologias de ondas cerebrais ajudam a lançar pacientes em estados cerebrais alfa, teta e até mesmo delta. Mais ainda, à medida que as freqüências são modificadas são observados vários tipos de aprofundamento de estados cerebrais.

Isso sugere que o Holosync pode ajudar a induzir estados cerebrais (como teta-alfa) que normalmente levariam vários meses usando apenas a meditação. A exposição repetida a estados de consciência alterados ajuda a pessoa a evoluir por estágios de consciência, que não podem ser saltados, e precisam ser repetidos por intermédio de indução de estados cerebrais. Estados de consciência correlacionados parecem acelerar o crescimento ao longo dos vários estágios. Assim, embora o uso de tecnologias cérebro-mente não seja necessário para o crescimento, desenvolvimento ou iluminação pela meditação, aparentemente podem ajudar a acelerar o processo.

A pergunta mais importante que você pode fazer em relação a uma tecnologia como esta é: "Realmente funciona?" Lendo uma matéria sobre o Holosync eu me lembrei do comentário de uma amiga que estava usando um outro conjunto de CDs de meditação, o Hemi-Sync[5] de Robert Monroe, ela disse que não conseguia permanecer acordada tempo suficiente para descobrir se tinha funcionado ou não. (Por acaso, Harris dá a Monroe o crédito de tê-lo ajudado a desenvolver a tecnologia na qual o Holosync é baseado.)

Escrevendo em Buzzle.com, Gigi Konwin diz:

> Diferentemente de outros depoimentos que vocês talvez tenham lido, eu não experimentei mudanças profundas depois de escutar o primeiro CD. Na verdade, eu dormi a maior parte do tempo! Mas está tudo bem, porque quanto mais eu escutava, menos eu dormia. Para falar a verdade, eu ainda cochilo quando começo um novo nível. Cada novo nível o lança em estados meditativos mais profundos, e exige ajustes.

No momento em que escreveu ela estava usando o programa havia dois anos, durante uma hora quase todos os dias. E, embora não estivesse completamente entusiasmada, parecia achar que estava funcionando com ela:

> Estou mais calma.
> Raramente sinto raiva.
> Tenho uma postura mais positiva.
> Fiquei mais espiritual.
> Estou mais feliz – surgem pensamentos negativos, mas eles não permanecem.[6]

Certamente há muitos usuários dos CDs, e muitos deles acreditam que conseguiram bons resultados. Também há vários clientes insatisfeitos, como pode ser percebido navegando um pouco na internet, mas não é possível agradar a todos.

Qualquer um que visita o site oficial de *O Segredo* é convidado a ingressar em vários grupos de membros, assinar o boletim informativo e assim por diante. Um dos mais movimentados é chamado "Os mestres de *O Segredo* com Bill Harris".[7] Após assiná-lo (gratuitamente), toda semana você recebe um e-mail de Harris o convidando a entrar em rede e ouvir uma conversa com outros professores de *O Segredo*, como James Ray, Lisa Nichols, John Assaraf, Hale Dwoskin, Michael Beckwith e Jack Canfield.

Hale Dwoskin e o Método Sedona

Dwoskin é autor de *The Sedona Method: Your Key to Lasting Happiness, Success, Peace and Emotional Well-being* e CEO e diretor de treinamento da Sedona Training Associates, que oferece cursos baseados nas técnicas de liberação de emoções criadas por seu orientador, Lester Levenson. Ele foi um dos fundadores da empresa, em 1996. E descreve assim seu encontro com Levenson:

> Em 1976 eu conheci Lester Levenson, o homem que inspirou a criação do Método Sedona e que também se tornaria meu mentor. Na época eu era uma pessoa ardentemente em busca de respostas, embora confusa, que tinha ido a muitos seminários conduzidos por professores do leste e do oeste. Eu tinha estudado diversas dis-

ciplinas centradas no corpo, incluindo ioga, tai chi e shiatsu. Tinha participado ativamente de vários cursos de crescimento pessoal, incluindo EST, atualismo, seminários Teta e Renascimento. Tive muitas experiências boas nesses seminários e ouvi e compreendi – pelo menos intelectualmente – muitos conceitos úteis. Mas continuava a me sentir incompleto. Eu desejava uma resposta simples e poderosa para algumas perguntas importantes mas constrangedoras, como "Qual o objetivo da minha vida?", "O que é a verdade?", "Quem sou eu?" e "Como eu posso me sentir à vontade e em paz com a minha vida?" Muito do que eu tinha ouvido e experimentado apenas fizera aumentar minhas perguntas. Ninguém parecia ter respostas verdadeiramente satisfatórias ou estar verdadeiramente satisfeito com sua verdadeira natureza. E também havia uma forte crença, quase universal, de que o crescimento era um trabalho duro, que exigia desnudar a alma e reviver questões dolorosas e não resolvidas. Tudo isso mudou durante meu muito feliz encontro com aquele homem marcante.[8]

Ele prossegue contando como, com a técnica de "libertação" de Levenson, finalmente encontrou aquilo que estava procurando. Em 1987 mudou-se para Phoenix, Arizona, para trabalhar com Levenson pelo resto da vida deste. A pedido de Levenson, mudou-se dois anos depois para Sedona, onde conheceu sua esposa, Amy. No início dos anos 1990 seu relacionamento com Levenson chegou a um ponto em que este abriu mão dos direitos autorais de seus ensinamentos, pedindo a ele que desse continuidade à sua obra.

> Eu sustentei a organização que ele tinha criado com esse objetivo até dois anos após sua morte. Até que, em 1996, decidi que seria muito mais eficaz se Amy e eu criássemos uma nova empresa, a Sedona Training Associates, para levar o método ao mundo de uma forma ainda muito maior.[9]

O Método Sedona tinha sido criado por Levenson após ele ficar gravemente doente em 1952 e os médicos terem lhe dado apenas algumas semanas de vida. De acordo com o site da Sedona na internet:

> Lester foi para o laboratório em busca de uma forma de comutar sua sentença de morte. O que ele descobriu em suas pesquisas foi que, libertando seus sentimentos não-amorosos, sua saúde começou a melhorar. Dando continuidade à experiência, ele descobriu que em um período de três meses tinha não apenas melhorado sua saúde como conseguido uma saúde verdadeiramente perfeita, e perfeita paz de espírito, que duraram 42 anos além das previsões dos seus médicos.[10]

Em resumo, a empresa busca transformar as vidas dos outros de uma forma igualmente dramática, e milhares de indivíduos, bem como centenas de altos executivos de empresas como Exxon, AT&T, Merrill Lynch, J.C. Penney,

Marriott Hotels, FAA, Bristol-Myers, Chemical Bank, Chase Manhattan Bank, Polaroid, Bull, Lever Brothers, Monsanto, Touche Ross e Mutual of New York, fizeram o curso do método Sedona.

A empresa de Dwoskin cita um estudo do dr. Richard J. Davidson, da State University of New York, em parceria com o dr. David C. McClelland, da Universidade de Harvard, como um endosso enfático à eficácia do Método Sedona, exibindo o logotipo da Escola de Medicina de Harvard com destaque no site e no material promocional. Eu não consegui localizar o estudo original, mas segundo Sedona Training Associates, os médicos concluíram que:

> O Método Sedona é uma técnica impressionante por sua simplicidade, eficiência, ausência de conceitos questionáveis e rapidez na geração de resultados observáveis, incluindo significativa redução do ritmo cardíaco e pressão sanguínea diastólica.[11]

Talvez o material promocional seja um pouco exagerado, mas milhares de pessoas fizeram o curso e há muitos depoimentos de participantes, bem como o endosso de outras pessoas na área da auto-ajuda, incluindo este de Jack "Canja de galinha" Canfield:

> Ao longo do meu trabalho em *Canja de galinha para a alma* e em meus seminários de auto-estima, fui apresentado a muitas técnicas e processos de crescimento pessoal. Este está bem acima dos outros pela facilidade com

que é empregado, seu profundo impacto e a rapidez com que produz resultados. O Método Sedona é uma forma bem acelerada de se livrar de sentimentos como raiva, frustração, ciúmes, ansiedade, estresse e medo, bem como muitos outros problemas, até mesmo dores físicas, que quase todos enfrentam em um momento ou outro.[12]

DENIS WAITLEY: O EXPLORADOR DO POTENCIAL HUMANO DA NASA

É preciso reconhecer isso em Denis Waitley, ele tem uma ótima imagem na imprensa:

> A motivação de Denis Waitley é mais que dinheiro. Sua missão é dizer às pessoas que elas têm maior controle de seu destino do que acreditam.
>
> *USA Today*

> Waitley tem um estilo mais sereno e suave que o de outros mercadores da inspiração. Ele prega a importância de virtudes básicas nos negócios – integridade, auto-estima e responsabilidade.
>
> *Fortune*

> O poder de Vince Lombard com a personalidade de Bob Newhart!
>
> *Washington Post*

> A fala é suave e moderada, mas o que ele tem a dizer é mentalmente excitante. Waitley aconselhou astronautas

da Apollo, atletas do Superbowl e executivos Fortune 500, além de ajudar campeões olímpicos dos Estados Unidos a melhorar seu desempenho.

U.S. News & World Report

Denis Waitley é o homem que coloca as pessoas na direção do sucesso. Ele olha diretamente nos seus olhos quando você encontra com ele e enquanto você fala. Nos dois anos em que fez palestras para um time de futebol americano da NFL, ele só perdeu uma partida e ganhou duas vezes o Superbowl.

Philadelphia Enquire

É interessante que um autor americano, Denis Waitley, tenha o livro de negócios mais vendido em mandarim da última década.

Asian Wall Street Journal

O que teria ele feito para merecer esse tipo de elogios? Formado pela Academia Naval dos Estados Unidos em Annapolis e ex-piloto da Marinha, ele tem um Ph.D. em psicologia do comportamento humano e é uma espécie de superconselheiro. Como observou o *U.S. News & World Report*, entre seus clientes estiveram incontáveis empresas com nomes familiares como AT&T, Pacific Bell, IBM, Kodak, Sony, Federal Express, Bank of America, Phillip Morris, Merrill Lynch, Microsoft, Ford, General Motors, Chrysler e Standard Oil. Como presidente da Internacional Society for Advanced Education, inspirada pelo dr. Jonas

Salk, ele aconselhou militares que retornavam do Vietnã e fez simulações e seminários de controle de estresse para os astronautas da Apollo.

Waitley diz que recebe dez pedidos de palestras por dia, vendeu mais de dez milhões de programas de áudio em 14 idiomas e é autor de 15 livros de não-ficção, incluindo vários *best-sellers* internacionais, como *Seeds of Greatness, Being the Best, The Winner's Edge, The Joy of Working* e *Impérios da mente*. É desnecessário dizer que você pode comprar seus livros e cursos em áudio em seu site na internet. Ele também oferece uma versão em áudio do livro clássico de Wallace D. Wattles, *A ciência de ficar rico*, sobre o qual diz:

> Quando eu conheci Rhonda Byrne, criadora de *O Segredo*, partilhamos o fato de que *A ciência de ficar rico*, escrito em 1910, há quase um século, é um dos fundamentos de nossos sistemas de crença. Eu atribuo boa parte de meu próprio sucesso à minha internalização da Lei da Atração, Pensando e Agindo de uma Determinada Forma, A Impressão de Crescimento e Gratidão, que são valores centrais tanto no livro de Wallace D. Wattles quanto no fenômeno global *O Segredo*.[13]

Waitley oferece um punhado de artigos breves para publicação em seu site na internet. Para dar uma noção de sua sabedoria, eu incluí um a seguir. Se ele não parecer exatamente um material fantástico, lembre-se de que boa parte do impacto produzido por esses professores se deve à transmissão oral. Muitos deles, incluindo Waitley, têm vários áudios e/ou vídeos deles em seus sites, então talvez você possa acessá-los (ver a seção Outros livros e sites, página 205) e então imaginá-los transmitindo as várias citações contidas neste livro.

Três regras para transformar estresse em sucesso

Denis Waitley

1. *Aceite o imutável.* Tudo o que aconteceu em sua vida até este minuto é imutável. É história. A maior perda de energia é olhar para trás para oportunidades perdidas, lamentar acontecimentos passados, colecionar rancores, acertar contas, acalentar má vontade e quaisquer pensamentos de vingança. Perdoando os que o atropelaram, você se liberta para se concentrar em seguir em frente com sua vida e ser bem-sucedido, a despeito de seus detratores. Você terá uma vida recompensadora e plena.

Seus inimigos, por outro lado, sempre ficarão pensando como você seguiu em frente e conseguiu fazer tanto sucesso sem eles, e à sombra das dúvidas deles.

Idéia de ação: Escreva em uma folha de papel coisas que aconteceram no passado e o incomodaram. Agora faça uma bola com o papel e o jogue na pessoa que está apresentando este programa na frente da sala. Isso simboliza deixar para trás problemas passados.

2. *Mude o mutável*. O que você pode mudar é sua reação ao que os outros dizem e fazem, e você pode controlar seus próprios pensamentos e atos se preocupando com os resultados desejados, e não com as punições do fracasso. O único verdadeiro controle que você tem na vida é o de seus pensamentos e atos. Como a maior parte do que fazemos é um reflexo, um hábito subconsciente, é sábio não agir impulsivamente. Nos relacionamentos pessoais é melhor esperar um pouco até que a razão tenha oportunidade de rivalizar com suas emoções.

Idéia de ação: Escreva em sua agenda uma coisa que fará amanhã para ajudá-lo a relaxar mais durante e depois de um dia estressante.

3. *Evite o inaceitável*. Saia do seu caminho para sair do caminho de comportamentos e ambientes potencialmente perigosos. Quando as pessoas colarem em sua traseira no trânsito, mude de pista. Se elas o seguirem à noite, dirija até um local público bem iluminado.

Quando houver pessoas barulhentas e irritantes perto de você em um restaurante ou boate, mude de mesa ou lugar. Também tenha cautela com relacionamentos pessoais nascidos na internet. Com o enorme número de pessoas navegando na rede, o número de predadores aumenta na mesma proporção. Sempre esteja alerta para situações potencialmente perigosas envolvendo sua saúde, segurança pessoal, especulação financeira e relacionamentos emocionais.

Idéia de ação: Qual é o comportamento inaceitável que você tem ou que permite que outros tenham e que pode começar a evitar amanhã? Exemplos: o modo como você dirige, cercar-se de pessoas negativas, caminhar sozinho por ruas escuras à noite etc.[14]

7
A CIÊNCIA DE O SEGREDO

Aqueles que usam a física para "provar" aquilo em que querem acreditar espiritualmente estão no caminho errado e parecem muito tolos aos olhos dos verdadeiros cientistas.

Bill Harris, inventor, músico, professor e empresário

Há vagas referências à sustentação de *O Segredo* na mecânica quântica tanto no filme quanto no livro. Porém, o capítulo que aborda a ciência mais diretamente não anuncia isso muito claramente com seu título, "O segredo para você", e Rhonda admite que nunca se interessou muito pela área.

Eu nunca estudei ciência ou física na escola, e ainda assim quando li livros complexos sobre física quântica eu os compreendi perfeitamente, porque queria compreendê-los. O estudo de física quântica me ajudou a ter uma compreensão mais profunda de *O Segredo*, no nível energético. Para muitas pessoas, a crença é fortalecida quando elas vêem uma correlação perfeita entre o conhecimento de *O Segredo* e as teorias da nova ciência.[1]

O Segredo associa física quântica à Lei da Atração, mas não tanto quanto fez o filme *Quem somos nós?*, invocando a física quântica como base de seu credo "Você cria sua própria realidade". Aqueles que viram este filme reconheceram os rostos de Fred Alan Wolf e John Hagelin, que têm o superpoder de transmissão quântica para as locações de qualquer filme de baixo orçamento necessitado de físicos dispostos a falar, sem remuneração, sobre o relacionamento entre consciência humana e acontecimentos subatômicos.

Fred Alan Wolf, "dr. Quantum"

Embora boa parte de sua entrevista em *O Segredo* tenha terminado no chão da sala de edição, Wolf é, de todos os palestrantes no filme, o mais preparado para oferecer uma corroboração científica para suas alegações.

Eu já me referi a esse autor de sucesso como "o astro pop da física quântica". Wolf escreve livros populares sobre o tema desde meados dos anos 1980, usando sua inacreditável habilidade para tornar as mais abstratas hipóteses da física acessíveis ao amador, ao mesmo tempo dando a esses conceitos os ensinamentos transpessoais do misticismo oriental.

No último livro de Wolf, *The Yoga of Time Travel: How the Mind Can Defeat Time*, ele descreve como muitos conceitos encontrados em tradições espirituais antigas e orientais são compatíveis com a teoria física contemporânea, destacando as velhas lendas de que o tempo é o progenitor do cosmo e que o próprio tempo é filho da consciência.

> Mergulhando fundo nos textos antigos, descobrimos que eles dizem que tempo e espaço são produtos da mente e não existem independentemente dela. O impressionante é que os princípios da física quântica nos dizem o mesmo. Essa é uma chave extraordinária. O segredo de escapar dos limites do espaço e do tempo é ir além da fonte deles – a própria mente. Paradoxalmente, precisamos de um quadro teórico criado pela mente para compreender o que significa ir além da mente (...)
>
> Na primeira parte do primeiro milênio a.C., filósofos indianos descobriram provas para o início do que hoje chamamos de filosofia perene. Ela pode ser definida em três frases:
>
> 1. Existe uma realidade infinita e imutável por trás da ilusão de mudança constante.
>
> 2. Essa realidade infinita e imutável está no cerne de cada ser e é o substrato da personalidade.
>
> 3. A vida tem um objetivo principal: experimentar essa realidade única – descobrir Deus enquanto se vive na Terra.[2]

No mesmo livro, Wolf alega que um número cada vez maior de físicos está começando a passar de suas observações subatômicas para a escala macroscópica conhecida, sugerindo que o ato de observarmos o ambiente faz a superposição de probabilidades circundantes se "solidificar" no que percebemos como realidade. Wolf diz que a aplicação de equações quânticas à macrorrealidade se tornou um procedimento comum:

> Até muito recentemente acreditava-se que a física quântica só se aplicava ao mundo atômico e subatômico, um mundo que estava bem abaixo da percepção humana. Hoje os cientistas acreditam que os efeitos físicos quânticos também podem ser observados em uma escala de tempo e espaço maior, dentro do alcance da percepção humana (...) assim como leis estatísticas são a base para a criação de tabelas atuariais, as leis da física quântica nos permitem calcular com grande precisão a probabilidade de que acontecimentos ocorram, embora continuemos completamente no escuro quanto aos acontecimentos propriamente ditos.[3]

Contudo, tanto cientistas conservadores quanto liberais desprezam o modo como empresas inescrupulosas buscam legitimar seus produtos invocando a empolada ciência da física quântica na comercialização de produtos estilo Nova Era.

IOGUE, MAGIA QUÂNTICA

Wolf sugere que a física quântica indica algo anterior a espaço, tempo e matéria. Wolf chama a isso de subespaço-tempo; outros, como o falecido psiquiatra de Harvard John Mack, chamaram de "âmbito imaginal"; o físico Amit Goswami chama de "transcendente, imaterial e arquetípico domínio de *potentia*"; o anestesiologista/físico Stuart Hameroff classifica como uma "mente universal proto-consciente que acessamos e que pode nos influenciar (...) [ela] existe no nível fundamental do universo, na escala de Planck"; e o físico emérito Roger Penrose o descreveu como uma realidade "idealista" semelhante ao mundo das idéias de Platão. Na teoria quântica atual, é concebido como um "espaço infinitamente dimensional"... Os aborígenes australianos poderiam chamar esse espaço de "Tempo do sonho".

Em seu livro *The Yoga of Time Travel*, Wolf afirma que a consciência desempenha um papel no nível mais fundamental da matéria e que a ioga e a meditação podem ajudar as pessoas a desenvolver sua capacidade de focalizar e desfocar – assim afetando o "ajuste" e o "desajuste" de ondas de *possibilidade*, abrindo a porta para novas possibilidades no mundo de manifestação.

Como um exercício para curar o passado, a pessoa pode fixar sua consciência em um ponto focal em que ondas de *possibilidade* do passado se encontram e se fundem com ondas de *possibilidade* do momento presente, dessa forma focalizando e produzindo uma nova curva de probabilidade; isso poderia ser visto como uma espécie de "terapia" de universo paralelo. Da mesma forma, a consciência poderia ser fixada em um ponto focal em que ondas de *possibilidade* do futuro se encontram e se fundem com ondas de *possibilidade* do presente, atraindo um acontecimento para o presente da pessoa, em uma espécie de magia de universo paralelo.

> Eu sei que é quase inimaginável, e talvez pareça mesmo ridículo acalentar tais noções, mas o passado não é imóvel, a despeito de nossas lembranças presentes. Sempre que se dá uma mudança, ligando um novo universo paralelo passado ao universo presente, a história muda do modo como lembramos dela, e nós surgimos no novo universo paralelo com lembranças consistentes com ele.
>
> Contudo, minha pesquisa sugere que, para produzir grandes mudanças no passado envolvendo universos paralelos, seriam necessárias muitas pessoas. Funciona como um holograma: quanto maior a área do holograma iluminada, mais forte o "sinal", e maior e mais real se torna a imagem. Mudanças menores – mudanças individuais – podem ser conseguidas individualmente ou em um pequeno grupo.[4]

Wolf descreve a consciência humana como seqüências de trindades: desfocar, focalizar e desfocar, razão pela qual a percepção da realidade tende a se tornar indistinta e se perder depois de um momento em foco. Wolf afirma que por intermédio de focalização e desfocamento o tempo é criado, tornando a viagem no tempo intrínseca à forma como a mente opera e à forma como o tempo funciona. Na visão de Wolf, tempo e mente podem ter o mesmo significado.

> (...) a importância da consciência como um elemento da física está se tornando clara, e a ligação entre tempo e consciência já foi estabelecida. A consciência – a alma ou *self* essencial – agora parece estar diretamente relacionada com o tempo, possivelmente com seu próprio surgimento como algo que acreditamos poder tornar objetivo (...) A consciência age, ou tem um efeito, sobre a matéria física, fazendo escolhas que então se tornam manifestas. Agora se revela que tal ação não pode simplesmente se dar mecanicamente. Está implicado um "selecionador", ou sujeito que afeta o cérebro e o sistema nervoso. Alguns físicos, como [Henry] Stapp, acreditam que esse selecionador surge no cérebro por intermédio de condicionamento passado. [Roger] Penrose acredita que o ato de escolher se dá de modo não-algorítimico – ou seja, não pela ação de qualquer fórmula matemática ou processo de computação. Eu sugiro que esse selecionador/observador não existe no espaço-tempo e não é material, o que sugere que é uma essência espiritual ou um ser residente fora do espaço-tempo.[5]

Alexandra Bruce

JOHN HAGELIN: PRESIDENTE DO GOVERNO DE PAZ DOS ESTADOS UNIDOS

Embora não tenha muito tempo na tela, John Hagelin é a personalidade mais interessante a aparecer em *O Segredo*. Ele foi três vezes candidato a presidente dos Estados Unidos pelo finado Partido da Lei Natural do Maharishi Mahesh Yogi, com o slogan "Levando a luz da ciência para a política", em 1992, 1996 e 2000, após não ter conseguido derrotar Pat Buchanan pela indicação pelo Partido Reformista.

Antes de se ligar ao TM (Transcendental Meditadion), Hagelin recebeu um Ph.D. em física em Harvard e depois fez pesquisas no CERN (Organização Européia para Investigação Nuclear) europeu e nas instalações do SLAC (Stanford Linear Accelerator Center) da Universidade de Stanford. Artigos seus sobre teorias de campo unificado e de supercordas estão entre os citados com maior freqüência no campo da física teórica.

> O dr. Hagelin é atualmente diretor do Institute of Science, Technology and Public Policy, um importante centro de estudos de ciência e tecnologia, e diretor internacional da Global Union of Scientists for Peace, integrada por cientistas de destaque de todo o mundo dedicados a deter a proliferação nuclear e estabelecer uma paz mundial duradoura. O dr. Hagelin também é presidente do Governo de Paz dos Estados Unidos, um governo paralelo, baseado no conhecimento, integrado

por centenas dos principais cientistas dos Estados Unidos e que defende soluções comprovadas e preventivas para problemas sociais graves, além de ministro da Ciência e Tecnologia do Global Country of World Peace, organização internacional que se dedica a um governo preventivo, à paz mundial e à administração global por intermédio da lei natural.[6]

Se você está se perguntando por que nunca ouviu falar desses grupos, é porque eles são órgãos do movimento Transcendental Meditation, do Maharishi Mahesh Yogi, fundado em 1958, provavelmente o avô de todos os negócios do tipo "Nova Era" e certamente um dos mais bem-sucedidos, alegando ter atualmente 3 milhões de membros em todo o mundo[7] e uma taxa de iniciação de "apenas" 2.500 dólares.

A "Lei Natural" do movimento é baseada na fusão feita pelo Maharishi da antiga cosmologia hindu com a teoria física moderna, que o iogue estudou durante alguns anos, quando jovem, na Universidade de Allahabad, no norte da Índia, antes de abandonar o curso.

O livro de 1998 de Hagelin, *Manual for a Perfect Government*, relaciona a física quântica à consciência e alega ter a chave para eliminar problemas como crime, terrorismo, sistema de saúde precário, uso de drogas, pobreza e sistema educacional deficiente. Acima de tudo, o livro mostra que Hagelin está perfeitamente alinhado com os ensinamentos da meditação transcendental do Maharishi.

Eu já escrevi sobre as perturbadoras alegações de ex-membros do TM de que o Maharishi é um megalomaníaco disposto a estabelecer uma teocracia hindu mundial baseada nas leis védicas de 4.500 anos de idade, que determinam a implementação de um sistema de castas.

De algum modo, eu acredito que o mundo está livre dessa ameaça.

Tanto como candidato do Partido da Lei Natural quanto como pretenso fornecedor do Departamento de Defesa, Hagelin defendeu o "Escudo de Defesa Védico" como solução para a maioria de nossos problemas nacionais e internacionais.

> Durante os ataques aéreos a Kosovo, por exemplo, Hagelin convocou uma entrevista coletiva para sugerir a utilização de 7 mil conselheiros profissionais de meditação transcendental na região de Kosovo para "reduzir rapidamente as tensões [e] acabar com o banho de sangue" – pelo custo de "apenas" 33 milhões de dólares em impostos.[8]

O TM teve muito mais sorte com o governo dos Estados Unidos por intermédio do Instituto Nacional de Saúde (NIH), que gastou mais de 21 milhões de dólares financiando pesquisas sobre os efeitos da técnica da meditação transcendental em doenças cardíacas.[9] Em 1999 o NIH concedeu uma bolsa de cerca de 8 milhões de dólares à Maharishi University of Management para criar o primeiro centro de pesquisa especializado em medicina natural preventiva para minorias nos Estados Unidos.

Para poder receber subsídios governamentais, como a inclusão da Meditação Transcendental nos currículos das escolas públicas, o grupo do Maharishi se recusou peremptoriamente a ser classificado como religião, chamando a si mesmo de uma "técnica mental para descanso profundo". Em 1979 o tribunal de recursos da Terceira Região dos Estados Unidos confirmou a decisão de uma instância anterior no caso "Malnak versus Yogi" de que a Meditação Transcendental não podia ser ensinada em escolas públicas de Nova Jersey porque feria a separação entre Igreja e Estado. Os mantras utilizados aparentemente são invocações a divindades hindus. Ainda assim, a Meditação Transcendental continua a ser ensinada em algumas poucas escolas públicas especiais em outros estados.

A "técnica" de alguém é a "religião" de outro e o "culto" de um terceiro, e em 1995 uma comissão parlamentar sobre cultos na França classificou Meditação Transcendental, Testemunhas de Jeová, Cientistas Cristãos, rosacruzes, Igreja da Cientologia e batistas como cultos/seitas.

Como eu já disse anteriormente em outra publicação, duvido que a TM seja mais nefasta para os interesses globais do que a Lockheed Martin. Se os defensores da TM conseguirem arrancar com sucesso um pedaço do orçamento americano para a defesa com seu programa de meditação, eu quero mais poder para eles...

Alexandra Bruce

JOHN DEMARTINI E A BREAKTHROUGH EXPERIENCE

John Demartini me foi descrito por um amigo que encontrara com ele em três oportunidades e que tinha feito seu seminário Breakthrough Experience como um dos indivíduos mais inteligentes, dinâmicos, informados e perturbadores que ele já tinha conhecido na vida, classificando de simplesmente inacreditável a capacidade e rapidez de Demartini acessar a imensa biblioteca de informações que ele tinha lido. Particularmente, Demartini atribui suas capacidades a uma experiência de quase-morte que teve quando tinha abandonado a escola secundária e vivia de esmolas em um telheiro na praia como surfista no Havaí. Ele teve um envenenamento grave por estricnina e ficou à beira da morte por alguns dias, saindo da experiência com uma cognição muito aumentada. Em seu site, ele diz:

> Tendo recebido uma segunda chance, eu tomei a decisão de dedicar minha vida a me tornar professor, curandeiro e filósofo. Tenho trabalhado nesta missão há trinta anos. Tornei-me quiroprático e médico de pesquisa clínica para compreender a essência da cura. Tornei-me palestrante profissional para dominar a arte de ensinar, e me tornei estudante de ciência, teologia e filosofia para compreender nossa ligação com o divino.[10]

Eu disse ao meu amigo que Demartini parece usar a expressão "física quântica" com grande freqüência em relação a seus métodos, e meu amigo assegurou que se alguém no circuito da auto-ajuda compreende a teoria da física quântica, certamente é Demartini.

A Breakthrough Experience, que meu amigo fez e na qual mergulhou, é um intenso seminário de dois dias que exercita o Método Demartini.

> Derivado de um estudo de física quântica, o Método Demartini é [um] conjunto predeterminado de perguntas e ações que neutraliza suas cargas emocionais e equilibra mente e corpo. Uma ciência plenamente reprodutível que você pode levar para casa consigo, ela o habilita a descobrir a ordem subjacente que controla o aparente caos diário.
>
> Este programa único o ajuda a experimentar um claro aumento de produtividade e dá a você uma nova linguagem para obter mudanças significativas e duradouras. Seus benefícios e resultados são moldados para suas questões e preocupações específicas. Você sai sabendo que isto realmente foi um dos acontecimentos mais valiosos e recompensadores de sua vida.[11]

Aparentemente, a Breakthrough Experience é tudo o que diz ser. Uma das coisas que meu amigo mencionou sobre os ensinamentos de Demartini e que eu considerei muito interessante foi que ele diz que os seres humanos se relacionam uns com os outros com base em seus sistemas de valor empíricos predeterminados, que eles consideram verdadeiros. O resultado é que *as pessoas na verdade não se relacionam umas com as outras, se relacionam com seus próprios sistemas de valor!* Meu amigo disse que os exercícios que destacavam isso eram absolutamente profundos e perturbadores.

Um ferrenho defensor do amor incondicional, Demartini é fundador da Concourse of Wisdom School of Philosophy, que tem diferentes setores referentes a: 1) Desenvolvimento pessoal e profissional; 2) Desenvolvimento empresarial; e 3) Quiroprática e desenvolvimento profissional em saúde.

O "Questionário para a boa forma da vida total" de Demartini é reproduzido aqui para que você tenha uma idéia de quais são suas preocupações:

Questionário para a boa forma da vida total

Forma física

Você caminha pelo menos um quilômetro e meio ou faz atividade equivalente uma vez por dia?

Você tem no máximo cinco quilos a mais ou a menos em relação a seu peso normal e saudável?

Você faz esforço a ponto de suar pelo menos duas vezes por semana?

Você é consistentemente moderado no quanto come?

Você tem um ritmo consistente no momento de comer?

Você tem o número adequado de horas de sono por dia (entre seis e oito)?

Você gosta de seu corpo e se orgulha dele?

Você alonga suas articulações pelo menos duas vezes por semana?

Forma mental

Você anseia por se levantar e aproveitar o máximo do dia?

Você se excita com novas idéias e anseia por aprender?

Você lê algo inspirador, estimulante ou sobre algo de que goste diariamente?

Você sai com pessoas criativas com idéias estimulantes?

Se você está chateado ou deprimido, em vez de afundar nisso, faz um esforço para modificar seu comportamento e produzir algo?

Se você está disperso e sobrecarregado, pára para priorizar seus atos?

Você tem um orientador que o ajuda a não reinventar a roda?

Você reserva um momento para visualizar e afirmar seus resultados desejados todos os dias?

Forma espiritual

Você reserva um tempo para meditar em silêncio todos os dias?

Você pára e conta suas bênçãos pelo menos cinco minutos por dia?
Você pára e ouve seu coração antes de falar?
Você se abre e partilha seu amor com os outros?
Você escreve cartas de agradecimento?
Você visita parques, museus, galerias de arte ou espaços de oração regularmente?
Você acredita que há um sentido maior em cada um dos acontecimentos da sua vida?
Você trata os outros do modo como quer ser tratado?

FORMA PROFISSIONAL

Você faz o que ama e ama o que faz?
Você definiu claramente e colocou no papel suas metas profissionais?
Você tem um ambiente de trabalho organizado?
Você divide grandes projetos em partes menores e mais administráveis e trabalha seguindo prioridades?
Você pratica e aperfeiçoa suas habilidades regularmente?
Você pode buscar e busca conselhos quando necessário?
Você se recompensa por suas realizações?
Você aceita críticas válidas e construtivas?

FORMA FAMILIAR

Você tem alguém especial que ame romanticamente?
Você faz com que seus entes queridos saibam o quanto significam para você?

Você reserva tempo para encontros familiares?

Você se esforça para regularmente fazer coisas especiais com aqueles que ama?

Você realmente ouve quando seus entes queridos falam?

Você realmente consegue ser você mesmo com os membros da sua família?

Você permite que outros membros da família brilhem sem sentir ciúme?

Você se orgulha da família que tem?

Forma social

Você deseja assumir a liderança?

Você consegue facilmente entrar em um grupo?

Você é descontraído e amigável com senso de humor?

Você é capaz de prestar atenção e seguir instruções?

Você sai e conhece pessoas novas, pelo menos uma pessoa nova por semana?

Você considera importante ajudar as pessoas a realizar seus sonhos?

Você apóia as realizações das outras pessoas?

Você fala e influencia os outros com suas idéias?

Forma financeira

Você se dá valor o suficiente para se permitir receber dinheiro e riqueza?

Você remunera a si mesmo e paga os impostos antes e não por último?

Você tem um programa regular de poupança?
Você estabelece prioridades para seus gastos?
Você evita abusar do cartão de crédito?
Você planeja antecipadamente suas compras e não compra por impulso?
Você evita usar sua poupança em pequenas emergências?
Você tem um programa especial de poupança para as férias?[12]

Atribua cinco pontos para cada pergunta que você respondeu "sim" e zero para aquelas a que respondeu "não". Segundo Demartini, se sua pontuação estiver entre 215 e 280, sua forma de vida total é excelente. Se estiver entre 145 e 210, sua forma de vida total é boa, mas essa é uma situação em que é fácil relaxar, e você pode caminhar na direção da excelência dando os passos necessários para poder responder "sim" a mais questões às quais respondeu "não". (Eu fiz 195, então é melhor eu me mexer!) Se sua pontuação ficou abaixo de 140, você tem trabalho a fazer. A dedução, claro, é que a "Boa forma da vida total" seria refletida por uma resposta "sim" a todas as perguntas acima.

Demartini é o prolífico autor de seis livros, entre eles *How to Make One Hell of a Profit and Still Get to Heaven*; *Count Your Own Blessings: The Healing Power of Gratitude and Love*; *You can Have an Amazing Life in Just 60 Days!*, *The Breakthrough Experience* e *The Heart of Love: How to Go Beyond Fantasy to Find the True Relationship Fulfillment*.

Um interessante factóide sobre Demartini é que embora ele tenha casas em todo o mundo, sua principal residência é a bordo de um luxuoso navio de cruzeiro, The World, "a única comunidade a circunavegar o mundo continuamente".[13]

A FÍSICA QUÂNTICA SUSTENTA A LEI DA ATRAÇÃO?

O que a física quântica hegemônica tem a dizer sobre a Lei da Atração, e qual o papel nisso de alguns dos físicos entrevistados em *O Segredo*? Ainda mais importante: nós realmente podemos atrair nossa própria realidade?

A *Newsweek* contou que tanto John Hagelin quanto Fred Alan Wolf, os dois físicos que aparecem no filme,

> (...) se afastaram da idéia de uma lei física que atrai colares para as pessoas que os desejam. "Eu não acho que funcione assim", diz Wolf secamente. "Não funcionou assim em minha vida." Hagelin reconhece a questão mais geral, de que "a coerência e eficácia de nosso pensamento é fundamental para nosso sucesso na vida". Mas acrescenta: "Isso não é, principalmente, fruto de mágica."[14]

"Física quântica" é uma expressão muito utilizada na indústria da auto-ajuda. Apesar de suas aplicações práticas em milhares de produtos cotidianos, de computadores a telefones celulares, a principal coisa que as pessoas precisam saber sobre a física quântica é que ela é em grande medida teórica, e que há tantas interpretações das teorias fundamentais quanto há pessoas interessadas em jogar com a expressão. Como Fred Alan Wolf diz em seu site:

> Até agora estão em uso muitas, talvez quatro principais, interpretações da física quântica. São o postulado do colapso de Bohr, o postulado transacional de Cramer, o postulado dos mundos paralelos de Everett e o postulado da variável oculta de Bohm. Todas diferem naquilo de que dizem ser feito o mundo, mas todas são baseadas nas leis matemáticas da física quântica descrevendo uma função de onda quântica.[15]

A física quântica lida com infinitas possibilidades se acumulando no que é chamado de *superposição*. Fred Alan Wolf cunhou o termo "onda de possibilidade" para descrever uma subunidade de uma superposição de possibilidades. A visão convencional, apresentada por Niels Bohr (1885-1962), é a de que "ondas de possibilidade" se ajustam, produzindo uma curva de probabilidade quando há uma observação – mas até agora ninguém explicou plenamente como isso ocorre.

Para responder a essa pergunta, o "Postulado Transacional" do físico John G. Cramer calcula a probabilidade de um acontecimento multiplicando a onda de possibilidade pela imagem especular de tempo invertido da onda original, que ele chama de "conjugado complexo".

> Como Cramer explica, quando o conjugado gerado no futuro se propaga para trás através do tempo para [en-

contrar] a origem da própria onda quântica (...) as duas ondas se multiplicam [no espaço e no tempo], e o resultado é a criação da curva de probabilidade do acontecimento se dar no espaço e no tempo.

Cramer chama a onda original de onda "oferta", a onda conjugada de onda "eco" e a multiplicação de ambas uma "transação" (...) Uma onda oferta é emitida para um receptor. O receptor aceita a oferta e envia uma confirmação de volta pela mesma linha (...)

Toda observação é ao mesmo tempo o início de uma onda que se propaga para o futuro em busca de um acontecimento-receptor e também o próprio receptor de uma onda que se propagou na sua direção vinda de algum acontecimento passado (...) toda observação – todo ato de conhecimento consciente – envia tanto uma onda para o futuro quanto uma onda para o passado (...)

Qual acontecimento futuro envia de volta a onda eco? Cramer acredita que apenas um futuro faz isso – aquele que está produzindo o eco que tem a melhor chance de formar uma transação bem-sucedida com o presente.[16]

Se Cramer acredita que o único futuro que envia o eco de volta é aquele que tem a melhor chance de entrar em contato com o presente, a visão de Wolf se alinha com a Interpretação de Muitos Mundos da Mecânica Quântica, no sentido de que é não apenas o futuro com melhores chances, mas uma infinidade de futuros (também conhecidos como mundos paralelos), cada um dos quais contendo um único acontecimento futuro que se liga ao acontecimento presente por intermédio do efeito de modulação (modulação é o produto da multiplicação de duas ondas). Assim que a modulação ocorre, os mundos paralelos se separam e deixam de interferir uns nos outros.

A elaboração de Wolf a partir da teoria de Cramer é dizer que a função primária da mente é a de converter ondas de possibilidade em curvas de probabilidade realizando essa operação de ajuste, desse modo produzindo resultados probabilísticos no mundo real.

Outros físicos, como o dr. David Albert, da Universidade de Colúmbia, acreditam que esta é uma visão absolutamente antropomórfica da física quântica.

> O dr. David Albert sustenta que a superposição é ainda mais estranha e que todas as postulações acima sequer chegaram perto; que todas essas teorias são fruto de nossa atual forma de raciocínio, sempre procurando uma tentativa de encontrar sentido em algo que não pode ser tornado racional. "É mais provável que a partícula esteja em uma situação na qual questões sobre sua posição não possam sequer ser levantadas", diz Albert, "na qual questões sobre sua posição sequer fazem sentido, na qual questionar a posição da partícula tem o mesmo status lógico de questionar a posição política de um sanduíche de atum, como disse, ou o estado civil do número cinco."[17]

Ou seja, pessoal: é tudo uma questão de interpretação!

8
A MÁGICA DE O SEGREDO

Indivíduos realmente poderosos normalmente têm mais das coisas que pensadores equivocados consideram produzir conflitos internos (dinheiro, sexo, comida, poder), e, ainda assim, por alguma estranha razão (...) eles não estão perturbados (...) e eles não sofrem de conflitos internos.[1]

James Arthur Ray, empresário

Dos muitos professores apresentados em *O Segredo*, há alguns cujas inclinações e métodos tendem mais para o místico e o mágico que o restante de seus colegas no filme/livro, incluindo os seguintes:

JAMES ARTHUR RAY E A JOURNEY OF POWER

Presidente e CEO da James Ray International, com sede em Carlsbad, Califórnia, ele passa mais de duzentos dias por ano em aparições públicas e seminários, dando aulas sobre sua experiência Journey of Power, que é "uma fusão de princípios de construção de riqueza, estratégias para o sucesso e os ensinamentos de todas as grandes tradições espirituais, escolas de mistérios e estudos esotéricos que ele experimentou e assimilou ao longo dos últimos 25 anos".[2] O programa Journey of Power fundamentalmente mostra aos participantes como construir uma ponte entre o sucesso no mundo real e a plenitude espiritual.

Sua experiência anterior inclui cinco anos como gerente de vendas da AT&T e quatro anos como "especialista em crescimento pessoal e empresarial" no National Education Center da AT&T e na School of Business da AT&T. Em 1991 ele começou a trabalhar com o Covey Leadership Center, do autor de *best-sellers* Steven Covey (*Os 7 hábitos das pessoas altamente eficazes*), dando aulas para líderes empresariais de empresas Fortune 500.

Em 1992 Ray criou o Quantum Consulting Group, conquistando grandes clientes empresariais como Boeing Aircraft, Tropicana e AT&T, e depois criou sua atual empresa, a James Ray International.

Ray tem sido extremamente bem-sucedido em comercializar os seminários da empresa. Além da Journey of Power ele também registrou Harmonic Wealth, descrita como "O que pode ser conseguido quando cinco áreas fundamentais da vida estão em harmonia umas com as outras: financeira, social, intelectual, física e espiritual", e Entrepreneurial Mindset (Ray freqüentemente se refere a si mesmo como "O mestre do Entrepreneurial Mindset").

Segundo o site da assessoria Keynote Speakers, Inc., Ray

cobra entre 25 mil e 40 mil dólares por uma palestra, oferecendo títulos como "Riqueza harmoniosa" e "Transforme sua empresa em uma máquina poderosa de produzir lucros".[3] Claro que provavelmente seus preços agora são significativamente mais altos, na esteira do sucesso de O Segredo.

Ele é autor de vários livros, entre os quais *The Science of Success: How to Attract Prosperity* e *Create Harmonic Wealth Through Proven Principles and Practical Spirituality: How to Use Spiritual Power to Create Tangible Results*, e um DVD, *Quantum Creations: Create Wealth in All Areas of Your Life*.

Apenas como um aperitivo dos ensinamentos de Ray, veja um tema sobre o qual ele fala freqüentemente:

SETE SEGREDOS DO DESEMPENHO SUPERIOR

1. Os grandes realizadores sabem exatamente o que querem.
2. Pessoas com desempenho superior se vêem de posse dos resultados desejados.
3. Pessoas muito bem-sucedidas têm uma crença inabalável em si mesmas e nas suas capacidades.
4. Realizadores agem "como se" já tivessem atingido a meta que buscam.
5. Vencedores assumem plena responsabilidade por seu próprio destino.
6. Pessoas de desempenho superior constroem parcerias produtivas.
7. Grandes conquistadores são grandes doadores.[4]

O site de Ray oferece vários recursos gratuitos e muitos cursos, livros, CDs e DVDs para venda. De fato, assim como todos os professores presentes neste capítulo, o produto que Ray vende é o sonho de sucesso comercial que deixou muitos dos críticos de *O Segredo* (que se multiplicam na mesma proporção do crescente sucesso de livro e filme) furiosos com o escancarado materialismo de Byrne e seus professores.

Mr. Magick

A principal diferença entre Ray e seus colegas de *O Segredo* é que ele abraça publicamente o misticismo e o ocultismo. Mais de seus pontos de vista pode ser encontrado em seu site IBIS,[5] onde você pode aprender sobre seus cursos de magia moderna e seu movimento espiritual IBIS, que parte de tradições transpessoais, esotéricas e xamânicas, tanto modernas quanto antigas, com o objetivo de aprofundar o relacionamento pessoal dos participantes com sua "Fonte Criativa".

Na época medieval, claro, tais atividades teriam produzido profanações engenhosamente elaboradas das partes anatômicas dos participantes. Felizmente para Ray e o resto de nós, esses dias terríveis acabaram!

Os detratores de Ray não são os habituais exasperados mas gentis que já vimos: aqueles com uma genuína preocupação com as almas inocentes sendo tiradas de seu caminho por *O Segredo*. As nêmesis de Ray são agitadores cristãos raivosos com uma obsessão especial por uma chamada conspiração "rosa-cruz/maçônica" que se esconde nas sombras, silenciosamente se infiltrando em nossos aparelhos de TV, nossos cinemas e nossas prateleiras de revistas, dos umbigos com *piercings* de estrelas pop núbeis às mensagens de auto-ajuda de filmes como *O Segredo*. O objetivo final da nefasta conspiração "rosa-cruz" é destruir a decência cristã antes de se apossar do mundo com uma ditadura global sem deus, sexualmente libertina e fascista ao estilo do *1984* de George Orwell.

Assim, não surpreende encontrar os seguintes *posts* no fórum megaconservador "Free Republic" logo depois de *O Segredo* ter aparecido no programa de Oprah:

Novo método espiritual chamado "O Segredo" divulgado na TV tem uma ligação ocultista escondida

Postado em 19/02/2007 12:42:01 PST por Coleus:

> Temos de emitir um aviso de ocultismo – talvez "alerta" seja mais adequado – para uma nova tendência de auto-ajuda que aparentemente está se apossando, ou começando a se apossar, de segmentos dos Estados Unidos. O "método" agora está em DVD como um filme chamado *O Segredo*, e tem sido apresentado, entre outros lugares, em *Oprah* e *Larry King Live* (...)
>
> Dado o poder do programa de Winfrey, e de queixas anteriores de flertes com a Nova Era, recomendamos que os cristãos se mantenham afastados desse "método" e mesmo do filme (...).[6]

Alexandra Bruce

Postado em 19/02/2007 7:53:59 PM PST por Gal.5:1 (fiquem firmes, digam a verdade com amor)

O Segredo: (...) Os professores de O Segredo não seguem Jesus Cristo e rejeitaram o Deus da Bíblia e a verdade da palavra de Deus, e rejeitaram a fé em Seu Filho, Jesus. Eles conceberam um sistema de poder pessoal baseado no poder humano. Essa filosofia e método não passam de uma passagem para o nível inferior do mundo da religião de profundos mistérios ocultistas que é a crença em que ou lúcifer é deus ou "nós somos deus" (...) Essa é a religião de Satanás; é muito popular (...) Aqueles que pervertem a verdadeira fé bíblica o fazem com aquilo que queremos, quando a verdadeira fé bíblica diz respeito ao que Deus quer, e nossa fé e confiança Nele e obediência a Ele por causa de nosso amor por Ele, e porque Ele é Deus (...) Deus abertamente revelou toda a verdade de que precisamos, e Ele não a manteve em segredo. *Filosofias secretas que vêm do mundo do ocultismo e da feitiçaria têm mantido essas filosofias secretas por muito tempo, mas agora estão começando a apresentá-las ao público em geral, porque todo o mundo está sendo preparado para o Anticristo.*[7]

IBIS E MODERN MAGICK

Segundo Ray, o Institute of Balanced and Integrated Spirituality é resultado de mais de duas décadas que ele dedicou ao estudo intensivo das grandes disciplinas esotéricas do mundo, dos xamãs dos Andes e da Amazônia até as escolas de mistérios do Egito, passando por mestres de locais ermos do Pacífico Sul. Houve muitos momentos em que ele sentia extremo desconforto e arriscava a vida, mas ele alega que tudo valeu a pena. Tendo sintetizado o que aprendeu, ele agora oferece as visões transformadoras de vida que ele descobriu com essas experiências radicais em suas oficinas Modern Magick, que acontecem uma vez por ano em Kona, no Havaí, por 5.695 dólares por pessoa.

> Agora vou contar a vocês um pequeno segredo. Esses professores, gurus e xamãs da vida real não são as pessoas dóceis, suaves e covardes que vocês poderiam pensar. Eles têm personalidades fortíssimas e são alguns dos tipos mais selvagens e interessantes que eu já conheci.
>
> A crença em que para sermos espiritualizados precisamos ser dóceis e falar em um sussurro harmonioso é um monte de besteira...
>
> Indivíduos realmente poderosos normalmente têm mais das coisas que pensadores equivocados consideram produzir conflitos internos (dinheiro, sexo, comida, poder), e, ainda assim, por alguma estranha razão...
>
> (...) *eles não estão perturbados* (...) *e eles não sofrem de conflitos internos.*
>
> Por isso realmente é divertido estar ali. Eles têm muito em suas vidas, eles sentem prazer nela, e quando na presença deles... tudo se acende![8]

A TEORIA DE RAY SOBRE "ASCENDENTES" E "DESCENDENTES"

A teoria de Ray sobre "ascendentes" e "descendentes" certamente levaria à loucura os debatedores do fórum Free Republic!

> [Os] ascendentes fazem de tudo para sair daqui, e no extremo oposto do espectro nós temos os "descendentes". A mentalidade descendente acredita que tudo relacionado à Terra é espiritual e sagrado, e qualquer coisa que negue isso é "pecado".
> (...) A abordagem descendente tem sido freqüentemente classificada pelos ascendentes como "pagã", que, traduzido, na verdade significa "qualquer coisa que não concorde conosco".
> Olhe ao redor e você verá um número crescente de ensinamentos xamânicos, eventos nativos americanos e indígenas, oficinas Wicca e muitos outros. Essas tradições abraçam e celebram a jornada física e os prazeres da Terra.[9]

JOE VITALE: "MR. FIRE"

"Mr. Fire" é o altamente prolífico autor dos *best-sellers* internacionais *The Attractor Factor* (que em dado momento superou *Harry Potter*), *The Greatest Money-Making Secret in History!*, *Life's Missing Instruction Manual* (que chegou ao primeiro lugar na lista de mais vendidos), o programa de áudio *best-seller Nightingale-Conant*, *The Power of Outrageous Marketing*, e várias outras obras. Ele também escreveu um livro de negócios sobre o astro de circo P.T. Barnum, *There's a Customer Born Every Minute*. Seus livros mais recentes são *Zero Limits: The Secret Hawaiian System for Wealth, Health, Peace and More*; *Hypnotic Writing* e *Buying Trances: A New Psichology of Sales and Marketing*. Seu próximo livro, a ser publicado pela John Wiley and Sons, tem o título *The Key: The Missing Secret for Attracting Whatever You Want*. Ele tem vários outros livros programados para 2008, incluindo *Inspired Marketing*, *Your Internet Cash Machine* e *The Seven Lost Secrets of Success*.

Tudo bem, ele realmente tem muito fogo!!!

Grande parte da obra de Vitale (e provavelmente do seu sucesso) é baseada em sua habilidade com hipnoterapia. Ele é hipnoterapeuta registrado, prático metafísico registrado e curador Chi Kung registrado, ministro ordenado e tem doutorados em Ciência Metafísica e Marketing, o que é muito útil em seus cargos de presidente da Hypnotic Marketing Inc. e da Frontier Nutritional Research Inc., ambas com sede na periferia de Austin, Texas.

Vitale se diz o primeiro escritor hipnótico do mundo, e criou programas de computador como o Hypnotic Writing Wizard (Mago da Escrita Hipnótica), além de ter um programa chamado Miracles Coaching (Orientação de Milagres) e fazer palestras constantes.

Em um divertido projeto paralelo, "Mr. Fire" ajudou a

criar a primeira mistura de margarita saudável do mundo, chamada Fit-A-Rita!

Joe Vitale é amigo pessoal do dr. Ihaleakala Hew Len, o terapeuta havaiano que supostamente curou toda uma ala de criminosos insanos no Hawaiian State Hospital na década de 1980.[10] O dr. Hew Len fez isso usando o atualizado método Ho'oponopono que aprendeu com Morrnah Simeona a Kahuna, do Havaí, mais de vinte anos antes. O livro *Zero Limits*, que se tornou um *best-seller* na Amazon antes mesmo de ser lançado em julho de 2007, é sobre a jornada de Joe Vitale (bem como a de outros) com esse incomum método de cura aprendido com o sr. Ihaleakala Hew Len.

MIKE DOOLEY: REI TUT

Diferentemente de muitos de seus colegas professores, Dooley não é orientador de riqueza, embora tenha uma formação em finanças e contabilidade que é bem mais impressionante que a de muitos desses orientadores, tendo trabalhado para o colosso internacional de consultoria e contabilidade PriceWaterhouse durante muitos anos. Em 1989 ele criou a TUT (Totally Unique Thoughts) com o irmão e a mãe. Era basicamente um negócio de camisetas, e chegou ao ponto em que elas passaram a ser vendidas em lojas grandes como a Macy's e na Disney World, além de em suas próprias lojas. Eles dizem ter vendido mais de um milhão de camisetas no momento em que fecharam a última loja, dez anos depois. Como Dooley conta no site de sua empresa:

> Após me formar em contabilidade eu ingressei na empresa de contabilidade de maior prestígio entre as "Oito grandes" da época. Depois de algum tempo eu fui "seletivamente transferido" para seu exclusivo departamento de impostos (é uma senhora história que você pode ouvir em minhas gravações de áudio!), o que me levou a aceitar uma "transferência" para Riad, Arábia Saudita. De Riad eu viajei muito pelo mundo, perseguindo com extraordinária precisão um objetivo que tinha estabelecido menos de dois anos antes; em minhas viagens eu visitei 17 países, a maioria na África, na Ásia e no Oriente, e me lembro de ter levado um golpe do que me cercava certo dia no café-da-manhã do Regent Hotel em Kowloon, debruçado sobre a ilha de Hong Kong – me dando conta de como eu tinha visto exatamente aquele mesmo "quadro" cerca de 24 meses antes, com base em um anúncio brilhante de uma revista como *Architectural Digest*.
>
> Quando a temporada em Riad chegou ao fim, eu escolhi retornar a Boston, onde continuei a me superar no departamento de impostos internacionais da empresa. Permaneci lá quase dois anos antes de decidir que era o momento de tentar novos desafios. Para ficar mais perto da família eu me mudei para Orlando, Flórida, e lá eu decidi buscar um novo sonho, criando minha própria empresa. O único problema era que (...) eu não tinha nenhuma idéia de que tipo de empresa queria ter, nem por onde começar.

Em alguns meses eu juntei meu talento aos de meu irmão artista e minha mãe administradora, e lançamos do nada a TUT, Totally Unique T-Shirts. Um milhão de camisetas, três livros e um programa em áudio depois, a TUT evoluiu para a Totally Unique Thoughts de hoje e o site à sua frente.[11]

O site à sua frente, caso você queira navegar nessa direção, é o TUT's Adventurers Club, que se define como um lugar para "'pensadores' de todo o mundo com idéias semelhantes que acreditam que viver nas selvas de espaço e tempo, como uma criação em meio a nossas criações, é a grande Aventura, porque pensamentos se transformam em coisas, e sonhos viram realidade". Há boletins informativos por e-mail, fóruns e todas as outras funções de "comunidade" comuns a sites que buscam atrair visitantes assíduos e interativos. Fora da rede, a TUT promove eventos que incluem palestras de Mike Dooley, cruzeiros e promete eventuais encontros locais. Eles afirmam ter mais de 130 mil membros de mais de 174 países.

Mas aparentemente não foi uma transição serena de vender camisetas para criar um negócio de motivação on-line. Lembre-se de que os Dooley lançaram seu site bem no auge da bolha das ponto-com, e imediatamente antes da posterior explosão, em 2001. Dooley escreveu em 2003:

> Se já houve uma prova de mágica em minha vida é que agora eu passo uma parte de todos os dias escrevendo

para "o Universo". Há menos de quatro anos, após termos fechado a última das lojas TUT e liquidado o estoque, eu durante um breve tempo bati perna com meu currículo de contador nas mãos.

Felizmente, ninguém estava contratando (pelo menos não a mim!), e, mais uma vez felizmente, eu tinha dinheiro suficiente de nossos dias de camisetas para esperar. E, mais felizmente ainda, eu tinha umas mil pessoas esperando receber minhas "Motivações da Manhã de Segunda" por e-mail toda semana.

Então eu decidi que, já que não tinha de trabalhar – ainda –, continuaria a fazer a única coisa que me enchia de uma enorme sensação de realização e sentido: escrever. E depois descobrir como fazer isso se pagar.[12]

Para sorte (ou teria sido a Lei da Atração?) de Dooley, seus escritos e seu site encontraram público, e, presumivelmente, ele hoje vive bem disso.

Todos os membros do site TUT (eles os chamam de Aventureiros) devem fazer este "juramento":

> Face à adversidade, incerteza e informação sensorial conflitante, eu, por meio deste, suplico para permanecer sempre consciente da realidade mágica, infinita e amorosa na qual vivo. Uma realidade que conspira incansavelmente a meu favor. Eu também reconheço que viver no espaço e no tempo, como uma Criação em meio às minhas Criações, é a maior Aventura, porque sonhos se transformam em coisas, sonhos se tornam realidade,

e todas as coisas são sempre possíveis. Como um Ser de Luz, eu assim decido viver, amar e ser feliz, a qualquer custo, não importa qual, com respeito e gentileza para com Todos. Que assim seja!

O site da TUT é agradavelmente menos comercial que os sites na internet de muitos dos colegas professores de Dooley em *O Segredo*, embora ele ofereça dois de seus livros e o conjunto de CDs de 12 horas de Dooley chamado "Infinite Possibilities: The Art of Living Your Dreams" (Infinitas possibilidades: a arte de viver os seus sonhos):

> É provavelmente uma lembrança do que está guardado para cada um de nós, cada minuto de cada dia, e por continuar tendo isso em mente nos obriga a lembrar do quadro geral, a mágica por trás da realidade e do fato de que nunca estamos tão presos, limitados ou perdidos quanto costumamos temer. É fácil demais se tornar presa de pensamentos negativos quando ficamos obcecados com nosso passado ou sobrecarregados pelas condições que se apresentam a nós, e então pior, começamos a programar nossos futuros com base nas condições muito desfavoráveis nas quais estamos nos concentrando.
> "Infinite Possibilities" é uma forma de lembrar que nossa vida e nossa sorte podem mudar radicalmente para melhor, de um momento para o outro.[13]

Criado como católico, Dooley é uma pessoa muito intuitiva. Ele diz ler poucos livros, talvez um ou dois por ano, embora os poucos que leu tenham exercido grande influência. Quando criança ele aprendeu hipnose sozinho a partir de vários livros, e quando adolescente ficou fascinado com *O jogo interior de tênis* (W. Timothy Gallwey) e *Psycho-Cybernetics* (Maxwell Maltz). Na faculdade ele leu e foi muito influenciado pelo *Método Silva de controle mental*, de José Silva, e a série de livros *Seth*, de Jane Roberts. Diz ele:

> Com minha própria busca interior não estando mais perdida no espaço, eu comecei a usar e aplicar a compreensão que tinha sido consolidada pelo material de Seth sem olhar para trás. Com as respostas para minhas perguntas fundamentais reveladas, eu passei a me concentrar em aplicar, ou viver, as verdades que tinha descoberto – uma missão grandemente absurda, mas recompensadora. Hoje, é por intermédio da busca de meus objetivos e sonhos que aprendo minhas lições e segredos ainda maiores sobre a vida e sobre mim mesmo.[14]

No final de sua entrevista em *Weight Watchers*, a editora Emma Clayton pergunta a Dooley o que ele diria às pessoas para motivá-las e inspirá-las. Ele responde:

> Quanto a inspiração, eu acho que nada funciona tão bem quanto uma grande dose de verdade, de modo que eu deixo seus leitores com isto: "Vocês vivem em um Universo que os adora, um Universo com princípios invioláveis que qualquer um pode utilizar sem limites ou preocupações com o passado, e no qual a manifestação

do sonho é inevitável desde que você realmente compreenda a natureza de sua realidade e sua herança divina. Vocês não podem causar mal, vocês não cometeram erros, e neste mesmo momento em que estão lendo isto, estão banhados em amor infinito. Tudo está bem."[15]

Marie Diamond: Arraste o sofá e enriqueça!

Marie Diamond pratica o Feng Shui há vinte anos, aperfeiçoando o conhecimento que recebeu quando era muito pequena. Hoje ela é mestre conhecida internacionalmente e especialista em Feng Shui e em astrologia chinesa de Tarot.com e Aol.com. Eu a estou reunindo ao grupo de palestrantes voltados para a magia porque o Feng Shui pode ser visto pelos ocidentais como uma espécie de magia.

Nascida na Bélgica, ela tem formação em Direito e criminologia, tendo trabalhado para os governos belga e europeu, e depois como gerente de projetos de uma editora multinacional. Marie se mudou para os Estados Unidos há cinco anos e desde então entrou em contato com muitas celebridades de Hollywood, grandes diretores de cinema e produtores, astros da música e escritores famosos, incluindo nosso professor predileto de *O Segredo*, Jack Canfield, de *Canja de galinha para a alma*. Ela também integra o Transformational Leadership Council, de Canfield, que inclui Bill Harris, John Gray, John Assaraf, DC Cordova, Paul Scheele e muitos outros.

Não deve ser surpresa que a sra. Diamond ofereça aconselhamento particular e uma série de seminários, cursos e produtos para venda. Ela oferece, por exemplo, uma série de aulas chamada de Inner Diamond Feng Shui:

> São fornecidas técnicas que rapidamente liberam velhos e indesejados padrões emocionais e mentais que bloqueiam o acesso às dádivas e à abundância do universo. À medida que aprendemos a liberar nossos bloqueios, também aprendemos a usar a Lei da Atração. A Lei da Atração é uma lei universal que coloca em nossas vidas pessoas que colaboram, assim como relacionamentos mais saudáveis, trabalhos coerentes com nosso objetivo na vida e mais paz, alegria e abundância em todos os níveis.[16]

Diamond tem sua própria interpretação da Lei da Atração, baseada em seus estudos da antiga filosofia chinesa do Feng Shui:

> Você e sua casa são um campo unificado, um campo quântico de possibilidades ilimitadas. O que está em você se alinha com o que está fora de você. A primeira coisa com a qual você se alinha é sua casa ou seu escritório. Você pode começar com sua transformação da mente, dos sentimentos e dos atos, e isso irá se manifestar em sua casa e seu escritório. Mas se você não adaptar seu ambiente, o universo irá receber de você uma mensagem dúbia.

Quando você adaptar sua casa e seu escritório ao seu desejo de sucesso, abundância, saúde, romance e sabedoria iluminada, o universo o apoiará em um fluxo rápido e fácil de manifestação.[17]

9
O CRISTIANISMO
E *O SEGREDO*

Os ensinamentos de *O Segredo* não são apenas falsos; são espiritualmente perigosos.

Kerby Anderson, diretor nacional do Probe Ministries

Uma pergunta que sempre é feita em entrevistas na TV com os palestrantes apresentados em *O Segredo* é se seus ensinamentos entram em conflito com o cristianismo. Lisa Nichols habilidosamente evitou esse assunto em *Larry King Live*:

> KING: Você tem uma forte fé cristã. Isso [*O Segredo*] é conflitante?
> NICHOLS: Não para mim, porque eu investiguei para ter certeza de que Deus fazia parte. Quero dizer, meu compromisso com Deus é mais forte que tudo.[2]

Percebam que foi King quem chamou Nichols de "cristã" e que ela respondeu que seu "compromisso com Deus é mais forte que tudo" – não seu compromisso com Cristo.

A simples verdade é que a visão de mundo monista "Tudo é UM" abraçada no filme e no livro é diametralmente oposta aos ensinamentos da Igreja cristã. Conseqüentemente, *O Segredo* deixou os cães de guarda fundamentalistas encrespados:

> Dos 24 professores de *O Segredo*, talvez o mais problemático seja o reverendo Michael Bernard Beckwith (...) Sua mensagem é a de que somos co-criadores com Deus e que nossas capacidades são ilimitadas. Nosso potencial é divino por natureza. O dr. Beckwith é problemático, em minha opinião, porque representa um pseudo-cristianismo. Ele tem enorme capacidade de enganar aqueles a quem Deus tocou com Seu Evangelho. O cristão que é incapaz de discernir corretamente a Palavra de Deus será presa de falsos ensinamentos como os encontrados em *O Segredo* (...).[3]

Lisa Nichols, assim como Beckwith e cerca de 95% dos outros professores que aparecem em *O Segredo*, costuma fazer freqüentes aparições em igrejas unitaristas por todos os Estados Unidos.

A Igreja Unitarista

Como eu já mencionei, o filme e o livro *O Segredo* de fato são veículos para os ensinamentos da Igreja Unitarista, cujos seguidores se consideram cristãos "positivos", usando a Bíblia cristã como seu texto fundamental. Contudo, os princípios básicos unitaristas de que Deus é uma presença universal e que há divindade em todas as pessoas são contrários à fé cristã hegemônica. Os ensinamentos da Igreja Unitarista são baseados em cinco princípios básicos:

1. Deus é a fonte e o criador de tudo. Não há outro poder duradouro. Deus é bom e está em todos os lugares.

2. Somos seres espirituais criados à imagem de Deus. O espírito de Deus vive dentro de cada pessoa; portanto, todas as pessoas são inerentemente boas.

3. Nós criamos nossas experiências de vida por intermédio de nosso modo de pensar.

4. Há poder na oração afirmativa, que acreditamos aumentar nossa ligação com Deus.

5. O conhecimento desses princípios espirituais não é suficiente. Precisamos vivê-los.[4]

NEALE DONALD WALSCH E SEU *CONVERSANDO COM DEUS*

Neale Donald Walsch é romancista e autor de uma série de livros de enorme sucesso: *Conversando com Deus*. Além da série *Conversando* (até agora três livros), ele escreveu *Friendship with God, Communion with God, As novas revelações, O Deus do amanhã, What God Wants* e, mais recentemente, *Home With God: In a Life That Never Ends*.

Nascido em 1943 em Milwaukee, Wisconsin, ele foi criado como católico romano, mas se viu em busca do que ele chama de uma "Nova Espiritualidade". Segundo sua biografia oficial, sua série de livros *Conversando com Deus* "redefiniu Deus e mudou paradigmas espirituais por todo o planeta".[5] É difícil saber o que quer dizer disso! Mas Walsch se esforça para explicar em uma entrevista a Dennins Hughes, de *Share Guide*:

> Acho que a nova espiritualidade será uma espiritualidade não-baseada em um dogma específico. E que se afasta do velho paradigma espiritual que criamos neste planeta, fruto da idéia de que existe algo como estar melhor. O triste em nosso passado é que as religiões, ironicamente, são responsáveis pela criação da idéia mais destrutiva que já ocorreu à raça humana: a idéia de que existe uma coisa "melhor". Eu questiono que a palavra melhor tenha qualquer valor da forma que é usada por muitas religiões – e, subseqüentemente, por outras instituições em nossa sociedade.[6]

Antes de publicar esses livros no início da década de 1990, Walsch sofreu uma série de golpes terríveis – um incêndio que destruiu todos os seus bens, o fim de seu casamento, um acidente de carro que o deixou com o pescoço quebrado. Recuperado, mas só e desempregado, Walsch foi obrigado a viver em uma barraca em Jackson Hot Springs, na periferia de Ashland, Oregon, coletando e reciclando latas de alumínio para poder comer. Na época, Walsch pensou que sua vida tinha chegado ao fim. Desesperançado, ele começou a escrever depois de conseguir escapar da miséria após um breve emprego como entrevistador de rádio.[7]

Obviamente, o sucesso do primeiro livro foi transformador. Além de sua fértil linha de livros de inspiração, ele tem uma empresa de cursos on-line e organiza "retiros" ao redor do mundo (e em navios de cruzeiro) ao longo do ano. Ele vive com a esposa, Nancy, em um local afastado em Ashland, Oregon, onde dirigem a ReCreation Foundation Inc., também conhecida como The Conversations with God Foundation. (Walsch recebeu algumas críticas pelo que alguns consideram um excessivo zelo em buscar formas de ganhar dinheiro para suas organizações.)

Questionado se ficou ou não surpreso com o sucesso, Walsch respondeu:

> Bem, sim e não. Como se eu pudesse dar esse tipo de resposta. Sim, eu acho que me surpreendeu em um nível, e em outro nível, quando eu pensei nisso por mais de 20 segundos, me dei conta de que, na verdade, se era intenção de Deus que este livro tocasse o mundo, então isso não iria de modo algum me surpreender, não deveria, ele ter se tornado um sucesso instantâneo. Portanto, sim e não. Acho que, de um ponto de vista físico limitado que eu às vezes sustento como a personalidade conhecida como Neale, fiquei um pouco chocado tanto com a rapidez quanto com a enormidade do sucesso, mas de um ponto de vista superior, quando me transfiro para meu próprio ponto mais alto de existência, vejo que é perfeitamente natural e normal que tenha havido esse resultado, e ele não ter ocorrido seria a surpresa, dadas as intenções de Deus na questão.[8]

Ele diz que seus livros não são transmitidos, e sim inspirados por Deus, e que eles podem ajudar as pessoas a se relacionarem com Ele de um ponto de vista moderno. O Deus de seus livros diz, por exemplo, que "não há nada que você tenha de fazer". Walsch acredita em um Deus panteísta que tenta Se comunicar como sendo generoso (panteísmo literalmente significa "Tudo é Deus"). A visão que ele transmite é a de uma Nova Espiritualidade: uma expansão e unificação de todas as atuais teologias; uma renovação delas, tornando todos os nossos ensinamentos sagrados ainda mais relevantes para nosso momento. Ele criou o Humanity's Team como um movimento espiritual com o objetivo de transmitir e implementar as crenças da Nova Espiritualidade, especialmente a de que somos um com Deus e um com a vida, em um estado de ser global partilhado. Há semelhanças entre esta filosofia e a fé Bahá'i, embora esta última não seja monista. Também há semelhanças com o gnosticismo primitivo.

Walsch estrelou o filme Nova Era *Indigo*, de 2003, que ele escreveu com James Twyman, abordando a redenção de um avô (Walsch) por intermédio da neta, uma criança índigo.[9] Ele aparentemente tomou gosto por cinema, e seu personagem é o principal (interpretado pelo ator canadense Henry Czerny) em *Conversando com Deus* (2006), história de um homem marginalizado que inadvertidamente se torna um mensageiro espiritual e autor de sucesso (soa familiar?).

Os pontos de vista de Walsch em geral estão em sintonia

com os da Igreja Unitarista, e ele faz regularmente palestras em igrejas unitaristas de todos os Estados Unidos. Para os fiéis unitaristas, o universo e "Deus" são um, o que é um princípio fundamental das filosofias religiosas orientais.

Antes de fundar sua Igreja Unitarista em 1889, Charles Fillmore estudou hinduísmo, budismo, hermetismo, rosacrucianismo e teosofia, e a influência dessas filosofias na sua igreja é não apenas evidente, mas assumida. A crença dos unitaristas em reencarnação, assim como sua visão monista de que "Tudo é Um", levou alguns teólogos cristãos a descrever a Igreja Unitarista como fruto do hinduísmo. Outros cristãos são menos caridosos:

> [Uma] característica dos cultos que vale para o Unitarismo é a negação da doutrina bíblica da salvação pela fé na pessoa de Cristo e em Seu trabalho concluído na cruz. Na Igreja Unitarista, a salvação é fruto do reconhecimento de nossa divindade inerente e de nossa unidade com Deus.
>
> A Igreja Unitarista é, em minha opinião, o mais enganoso dos cultos que usam a palavra cristã em seu nome. A diferença é que aquele que segue seus ensinamentos é encorajado a permanecer em sua própria igreja original, seja ela batista, metodista, presbiteriana ou outra. Os unitaristas consideram que a ligação com sua denominação é um campo onde eles podem sutilmente disseminar suas idéias (...)
>
> A Igreja Unitarista não é baseada em ensinamentos bíblicos. Ao contrário, é altamente influenciada pelo pen-

samento e a crença orientais. É um clássico culto Nova Era e não é cristã em nenhum aspecto de sua doutrina ou seus ensinamentos.[10]

DOGMA E DEMÔNIOS

Fundamentalistas cristãos acreditam que os ensinamentos da Igreja Unitarista são inerentemente satânicos porque orientam os seguidores a ver Deus em todas as coisas. Os fundamentalistas acreditam que meditação e visualização criativa colocam seus praticantes sob o risco de invocar demônios. (Para ser justa, meditadores de todos os tipos, de budistas a praticantes de ocultismo, sempre preveniram os neófitos sobre esse risco...)

> Quando você penetra no reino da descoberta espiritual por intermédio de práticas de meditação ou de outra metodologia psico-espiritual você em algum momento irá se encontrar face a face com um demônio disfarçado de seu guia interior ou Mestre. É educativo observar que esse guia interior ou espírito guia irá em algum momento levar a você uma mensagem urgente do "outro lado". O sutil logro que está à espera de sua presa inocente não faz distinções. Irá consumir quem quer que possa seduzir.[11]

O movimento Novo Pensamento surgiu como uma revolta contra o que seus criadores consideravam ser os dogmas negativos das igrejas de meados do século XIX, e foi movido pela observação de que a cura física freqüentemente pode ser conseguida por intermédio do poder da mente e da consciência espiritual.

> À medida que essa idéia original se desdobrou em aplicações bem-sucedidas, os praticantes do Novo Pensamento começaram a perceber que o poder de uma consciência elevada também podia levar a cura a circunstâncias e condições negativas na vida da pessoa. Do modo como evoluiu, o Novo Pensamento do século XXI é movido por um objetivo muito mais amplo. A cura planetária por intermédio da realização pessoal está surgindo como a nova promessa desses ensinamentos.[12]

DEUS E A CRIAÇÃO: UMA PERSPECTIVA CATÓLICA

Recentemente, participando de uma festa irlandesa em um quintal de Darien, Connecticut, eu tive uma oportunidade única de conversar descontraidamente com um padre católico, um homem bonito e encantador de cinqüenta e tantos anos. Seguindo a tradição irlandesa, a festa foi bastante barulhenta, festejando a vida da tia-avó de um amigo. Em meio a tudo aquilo, ele me perguntou o que eu fazia. Contei que tinha acabado de escrever um livro sobre a obra de vários físicos quânticos.[13] Ele então pediu que eu explicasse rapidamente algumas teorias quânticas, e, depois que o fiz, pedi que ele me explicasse a visão cristã de como a realidade funciona.

Ele explicou que os cristãos acreditam que Deus criou o universo e que Ele o colocou em movimento, mas que Ele permanece separado do universo. O padre comparou a relação de Deus com Sua Criação com a relação de um autor com seu livro; o livro *não* é o autor, assim como Deus *não* é o universo.

O que isso me mostrou foi que, do ponto de vista cristão, o universo como um todo não existe, e "Tudo *não* é Um". Não fazia sentido eu discutir com aquele homem muito agradável, claramente comprometido com sua fé, todo vestido de preto com um colarinho eclesiástico.

Nossa conversa mudou para como ele tinha ficado aborrecido com a recente determinação da Suprema Corte de seu estado natal de Massachusetts de legalizar o casamento gay. Ele estava chateado que aquilo tivesse sido aprovado em uma lei estadual, sem um referendo permitindo que as pessoas votassem. Eu opinei que Massachusetts era um dos poucos lugares dos Estados Unidos em que havia uma grande probabilidade de que as pessoas dissessem "sim" ao casamento gay se tivessem uma oportunidade. Ele deu um risinho e concordou em parte...

A oração de Jabez: O Segredo ao estilo cristão?

A série de livros cristãos *A oração de Jabez*, sucesso de vendas do palestrante de estádios "Cumpridor de Promessas" dr. Bruce H. Wilkinson, representa uma possível ponte entre o fundamentalismo cristão e a auto-ajuda secular. Em essência, os ensinamentos de Wilkinson são semelhantes aos de *O Segredo*. Aparentemente este é o tipo de mensagem que as pessoas querem ouvir, visto que o primeiro livro *A oração de Jabez* vendeu quase 8 milhões de exemplares em um ano.

Jabez é um personagem do Velho Testamento cuja breve oração pontua a litania de "gerações" na genealogia levítica do Livro de Crônicas

> *And Jabez called on the God of Israel saying, "Oh, that you would bless me indeed, and enlarge my territory, that your hand would be with me, and that you would keep me from evil, that I may not cause pain."*
>
> So God granted him what he requested.
>
> – I Chronicles 4:10 NKJV[14*]

Wilkinson chama Jabez de "um ousado suplicante a quem Deus sempre atende", e encoraja os leitores a orar a ele por pelo menos trinta dias, de modo a conseguir resultados. A série *Jabez* cativa o cristão americano médio com

---

* E Jabez invocou o Deus de Israel, dizendo: "Que Tu me abençoes verdadeiramente, e que aumentes meu território, que Tua mão esteja comigo, e que afaste o mal de mim, que eu não provoque dor."
Então Deus lhe concedeu o que pedira.
Crônicas 4:10 (N. do T.)

uma linguagem cotidiana, comercial, aparentemente baseada na série de Jack Canfield, *Canja de galinha para a alma*.

> Quando foi a última vez que Deus operou por seu intermédio de forma tal que você soube, além de qualquer dúvida, que Deus o fizera? Na verdade, quando foi a última vez que você viu milagres acontecerem regularmente em *sua* vida? Se você é como a maioria dos fiéis que eu conheci, você não saberia como pedir esse tipo de experiência, ou mesmo se deveria (...) Como você está lendo este livro, eu acredito que você partilhe de meu desejo de uma vida que seja "mais honrada" para Deus. Não que você deva desejar que os outros queiram menos, mas para você apenas a completa benção de Deus servirá (...) Deus realmente tem bênçãos não pedidas esperando por você, meu amigo. Sei que soa impossível – até mesmo embaraçosamente suspeito em nossos dias egoístas. Mas exatamente essa troca – seu desejo pela fartura de Deus – foi Seu desejo amoroso para você desde a eternidade. E com um punhado de compromissos centrais de sua parte você pode seguir em frente, a partir de agora, com a confiança e a expectativa de que seu Pai celestial dará isso a você.[15]

Embora Wilkinson tenha dedicado sua vida a ensinar a doutrina bíblica cristã evangélica, mesmo ele enfrentou a reprovação dos fundamentalistas radicais...

> O reverendo James Mulholland recentemente escreveu um livro sobre o Pai-Nosso em resposta ao fenômeno

Jabez. Ele diz que as duas orações oferecem um contraste claro: Jesus rezando pela vontade de Deus e Jabez rezando por si mesmo.[16]

A conclusão é: o ensinamento cristão fundamentalista é incompatível com os ensinamentos de *A oração de Jabez* e *O Segredo*.

10
O DEBATE SOBRE A LEI DA ATRAÇÃO

"A Lei da Atração" é *verdadeira* – no que ela diz. O problema é que *O Segredo* pega essa peça relativamente pequena do quebra-cabeça e a transforma em *todo* o quebra-cabeça.

Ken Wilber, boletim informativo *Integral Naked*

BOB DOYLE E *WEALTH BEYOND REASON*

Doyle é um pouco diferente da maioria dos orientadores para o sucesso apresentados em *O Segredo*. Porque ele não faz isso há muito tempo. Talvez a melhor forma de ter uma noção disso seja reproduzindo sua própria história:

> Em 2002 eu estava começando meu quarto ano de trabalho em uma empresa que eu tinha passado a odiar. Não havia sentido nem paixão no trabalho que eu estava fazendo, e eu tinha certeza de que havia mais na vida do que um belo contracheque – o que de fato eu tinha

naquela época. Claro que era o contracheque que me mantinha escravizado naquele emprego, porque eu sentia que precisava da segurança que ele dava.

Mas eu estava morrendo por dentro. Era exatamente o que eu sentia. Eu sentava à mesa e sentia como se meu espírito estivesse literalmente ressecando.

Assim, em janeiro de 2002 eu simplesmente larguei o emprego. Sem nenhuma garantia. Obviamente esse não é o passo certo para todos, e em conseqüência as coisas certamente ficaram difíceis, mas eu morreria se continuasse. Eu não tinha dúvida disso (...).

Para resumir (se possível), eu de fato estava "na rua" falando para as pessoas o que eu tinha aprendido sobre "criar sua própria realidade", naquela época me concentrando em manifestação por intermédio da meditação.

Mas estava faltando uma peça ENORME. Embora eu compreendesse a maioria desses princípios intelectualmente, o que eu NÃO compreendia plenamente era a Lei da Atração, como ela realmente funcionava e, principalmente, como ela estava funcionando em minha própria vida.

O resultado de não ter aquela peça foi uma situação financeira DESASTROSA. Embora eu tenha a alegria de dizer que nunca precisei declarar falência, estou certo de que haveria quem recomendasse isso. Nós tínhamos menos que nenhum dinheiro, e as coisas estavam ficando estressantes, para dizer o mínimo.

Naquele ponto – por sorte – eu tinha aprendido o bastante para reconhecer que estava tentando fazer tudo sozinho em vez de realmente permitir que o Universo me desse tudo – algo que eu "ensinava" as pessoas a fazer mas que obviamente eu mesmo não seguia.

Chegou o dia em que simplesmente desisti de "tentar", e essencialmente pedi uma orientação ao Universo, comprometendo-me a seguir minha intuição sem questionar, independente de quão "para fora do caminho" os sinais que eu recebia parecessem me levar. Eu apenas confiei, e abri mão de ter comigo todas as respostas.

Em uma série impressionante de situações aparentemente isoladas, eu atraí a informação que mudou minha vida para sempre. Informação que abriu meus olhos para aquilo que eu estava ignorando o tempo todo. Era a informação que explicava COMO toda aquela coisa sobre a qual eu falava de fato funcionava – no nível científico –, de modo que desapareceu qualquer resistência que ainda podia ter a incorporá-la PLENAMENTE à minha vida.[1]

Ele se considera um "Orientador da Lei da Atração", e escreveu um livro de auto-ajuda com sua receita para a prosperidade: *Wealth Beyond Reason: Your Complete Handbook For Boundless Living*.[2]

Doyle apresenta a Lei da Atração incansavelmente em seu livro e em seu site, onde ele oferece um curso on-line de mesmo nome. Uma pequena amostra:

> Para atrair riqueza, você primeiramente tem de SER rico. ASSIM, você tem pensamentos ricos, faz afirmações ricas e toma atitudes ricas (...).

Uma pessoa verdadeiramente rica não é rica porque tem dinheiro. Ela tem dinheiro porque é rica! Essa é a diferença que a maioria das pessoas negligencia!

(...) mais uma vez, Riqueza é uma decisão. Se você atualmente não está experimentando riqueza, primeiramente tem de se dar conta de que há abundância em toda parte (...) na verdade, é só o que há. Pobreza e carência são as ilusões. Você pode mudar sua consciência para SEJA-Riqueza por-Riqueza simplesmente tomando a decisão, ENTÃO seus pensamentos, discurso e ação permitirão que você desfrute da riqueza que é sua![3]

Doyle tenta evitar parecer "Nova Era" demais, afirmando já na introdução do seu livro que precisa transmitir sua mensagem de uma forma "que não pareça 'mágica' ou exija que você adote alguma espécie de sistema de crenças 'nova era', porque eu perderia muitos daqueles que estou tentando atingir se seguisse esse caminho".

Sem dúvida, ele está certo.

Culpa Nova Era: É verdade que todo mundo cria sua própria realidade?

Há pelo menos uma década a Prophets Conference tem promovido ciclos de palestras com pensadores alternativos, curadores, personalidades espirituais e, mais recentemente, algumas das pessoas, como Bob Doyle, que apareceram em *O Segredo*. No dia 27 de junho de 2007 o escritor holista William Bloom, que iria participar de um evento da Prophets Conference no Reino Unido, escreveu um e-mail coletivo para os assinantes da lista da Prophets Conference intitulado "É verdade que todo mundo cria sua própria realidade?", no qual ele refletia sobre as tragédias que rotineiramente se abatem sobre as pessoas, as lições de vida que elas contêm e o estranho surgimento de uma "culpa Nova Era" que pode acompanhar as reações a esses acontecimentos infelizes. Ele tinha palavras especialmente duras para a comunidade Nova Era:

> Ao longo dos anos tem sido uma honra para mim promover e defender a nova era e a espiritualidade holística. Eu adoro sua abertura, sua incorporação da metafísica e o modo como combina trabalho espiritual com cuidados de saúde. Mas eu também às vezes me desespero com sua aparente falta de moralidade e compaixão quando confrontada com a realidade do sofrimento das pessoas.
> Essa frieza freqüentemente é justificada com meias idéias sobre como as energias, o carma e a lei da atração funcionam. Isso freqüentemente chega ao auge de uma perturbadora presunção quando um "filósofo" nova era, confrontado com um sofrimento cruel, diz de forma autoritária: "As pessoas criam sua própria realidade", "A alma delas escolheu assim – é o carma" ou "Tudo é perfeito no plano de Deus – você só precisa compreender isso de outra forma". As pessoas que dizem coisas assim

parecem não ter noção de como soam presunçosas e desagradáveis. Nem a dor que causam.

Bloom prossegue, descrevendo a situação infernal diária em Darfur e outras partes da África.

Esses pequenos exemplos de inconvenientes pessoais não são nada se comparados às tragédias mais dramáticas em nível mundial. O que se segue é o depoimento recente de uma mulher no meio da crise de Darfur (*New Internationalist*, junho de 2007):
"Meu bebê foi jogado no fogo na minha frente. Minha filha era mais velha. Eles acharam que ela era um menino, então também a massacraram – quebraram seu pescoço como o de uma galinha. Eles também mataram algumas das crianças (...) Depois de estuprarem as mulheres eles cortaram seus seios para que elas sofressem. Eles usaram os que restaram de nós como mulas."
(...) Certamente todo este sofrimento só pode ser abordado com calma, humildade e sabedoria do coração. Não com metafísica de segunda e negação. Não passa de ignorância, uma vergonhosa e insensível crueldade emocional, sugerir que aquelas mulheres e crianças pediram esse destino, o mereceram, o escolheram ou criaram sua própria realidade. É uma absoluta desvirtuação do carma e das leis de atração.

É um erro freqüente supor que almas têm controle total e escolha quanto a suas encarnações. Almas novas, chegando pela primeira vez, por exemplo, podem simplesmente ser atraídas para um feto recém-concebido.

Podem não ter escolha a não ser participar do ritmo e do ciclo coletivos. Há mais dinâmica na encarnação que simples escolha.

Da mesma forma, nós não criamos nossas vidas em isolamento. Nós atravessamos acontecimentos históricos e cármicos coletivos sobre os quais podemos ter pouco poder individual. Somos participantes, como almas e como criaturas biológicas, de uma constelação de relacionamentos que incluem nossa espécie, nosso gênero, nossa família, nossos ancestrais, nossa etnia e nossa fé. Nossos pais e filhos, por exemplo, estão em nós, assim como também estamos neles. Não somos apenas almas isoladas criando nossas próprias vidas e futuros individuais. Também somos sujeitos da alma grupal, e nossas histórias e futuros estão entrelaçados. Como espécie, nós criamos um carma partilhado de sofrimento, e é como coletivo que o vivemos, redimimos e curamos. O coletivo afeta até mesmo o indivíduo mais forte (...).

Também é totalmente banal e ingênuo sugerir que tudo no mundo de Deus é bom e que é só uma questão de percepção. Confrontado com a realidade de uma criança de três anos de idade sofrendo violência sexual, simplesmente não é possível fazer tal afirmação e ser moral. É enfrentando a realidade, não a negando, e tendo coragem que crescemos e nos tornamos mais sábios.

Ao mesmo tempo, eu compreendo perfeitamente como é difícil encarar plenamente o sofrimento. Para algumas pessoas é esmagador, porque deflagra sua própria dor. Porém, mais cedo ou mais tarde na trilha espiritual temos de desenvolver a coragem e a força para nos mantermos estáveis e amorosos quando confrontados com esses horrores. Nas palavras de Carl Jung: "Não se atinge a iluminação imaginando figuras de luz, mas tornando a escuridão consciente."

Com todo o meu amor, William.[4]

A resposta da lista da Prophets Conference não tinha precedentes; pessoas responderam dizendo que seu fardo de culpa por todos os seus muitos problemas tinha sido retirado de seus ombros, e algumas escreveram que choraram de alegria e alívio lendo o *post* de Bloom.

Quatro dias depois, os organizadores da Prophets Conference, Robin e Cody Johnson, enviaram um e-mail coletivo para a lista, dizendo que em função da gigantesca reação à carta de Bloom eles estavam trocando o título de seu próximo evento, que contaria com a participação de, entre outros, Bob Doyle, de "Conferência sobre a Lei da Atração" para "Manifestando uma vida mais rica". Eles colocaram *links* para uma série de vídeos[5] de Bob Doyle nos quais ele apresentava as principais objeções que ele pessoalmente fizera ao conteúdo de *O Segredo* desde seu lançamento. O segundo vídeo aborda aquela que é a mais difícil questão em relação à lei da atração: "Como você explica quando coisas 'ruins' acontecem com pessoas que nunca poderiam ter atraído aquelas coisas ruins?"

Eis minha transcrição aproximada do segundo vídeo de Doyle:

Esta é uma questão que sempre surge entre pessoas que estão aprendendo sobre a Lei da Atração. Bem, o que as pessoas precisam compreender é que a Lei da Atração não é apenas sobre atrair coisas de propósito. Esta não é uma ferramenta de desenvolvimento pessoal que venha em um pacote e que você pode usar para conseguir o que quer. É uma lei muito maior que isso (...) *nós estamos sempre atraindo, o tempo todo; consciente e inconscientemente – a maior parte do que experimentamos em nosso cotidiano é atração inconsciente*, embora esteja além do objetivo deste vídeo entrar nesse assunto, mas estamos montando todos os aspectos de nossa realidade por intermédio de nossa interpretação da energia que é o universo ao redor de nós (...) o modo como damos forma àquela energia que atraímos para nossa experiência.

Como atraímos essa energia? Bem, estamos em ressonância com ela (...) à nossa revelia. E como isso acontece? Nós atraímos coisas para nossa vida por intermédio de nossa ressonância vibratória com elas, e nós tiramos ressonância de nosso ambiente, em sua maioria, se não estivermos conscientes de que podemos fazer o que quisermos com nossas consciências (...) nossas atitudes em relação a dinheiro, relacionamentos etc. são moldadas desde a tenra infância (...) nós seguimos com elas e estamos em ressonância com aqueles pensamentos e aquelas crenças.

Você não faz isso conscientemente (...) Se você nasceu em um país que tem problemas com alimentação ou economia, você levará consigo o pensamento de que "de onde eu venho não há comida". Essa é uma vibração passada de geração em geração (...) não é culpa delas – e é fundamental compreender isso.

Quando dizemos que uma pessoa está atraindo sua experiência de vida, não estamos dizendo que a pessoa está errada, absolutamente. Há a possibilidade de que tenha sido um ato absolutamente inconsciente (...) algumas pessoas se queixam de que a Lei da Atração tem muitas minúcias, mas veja, é apenas isto; diz respeito àquilo com o que você está em ressonância vibracional, ponto. Não é bom nem ruim. Nossa bênção como seres humanos é que se sabemos que temos essa capacidade de conscientemente alterar nossa vibração para entrar em alinhamento com coisas que realmente queremos de verdade em nossas vidas, e se não sabemos disso, iremos continuar a atrair mais das mesmas coisas e iremos ressoar com todo tipo de coisas, incluindo doença e tragédia (...).

Você pergunta como é possível acontecer um desastre horrível com um grupo de pessoas que "não estava atraindo aquilo!" Bem, eles estavam alinhados com aquilo, e eu sei que isso é duro de ouvir, mas isso não é bom nem mal. Significa apenas que estavam ali por alguma razão, eles mesmos não sabiam, e aconteceu. Não há resposta melhor. Ninguém olhando de fora pode observar a vida de uma pessoa que foi afetada por uma tragédia e saber tudo o que estava acontecendo em termos de vibrações. Há coisas demais acontecendo em uma pessoa (...) isso não significa que elas escreveram uma lista ou fizeram um quadro disso, visualizaram acontecendo ou meditaram sobre; aconteceu à revelia.

Por isso é fundamental realmente escutar o que você

está dizendo. Se você consegue ver como ela [a Lei da Atração] afetou sua vida e continua a afetar sua vida (...) e compreende que você realmente pode mudar sua experiência e sua visão da realidade criando uma diferente vibração (...) então você pode atrair coisas diferentes e aprender a quebrar a resistência (...)

Embora haja muito em sua vida que irá acontecer sem que você tenha controle, porque você atraiu à sua revelia, há muito que você pode começar a fazer imediatamente para minimizar a possibilidade de que algo assim aconteça (...) portanto, quando você tem um bebê doente, ele está alinhado com a doença por alguma razão, apenas é o que é – mas o que podemos fazer em relação a isso? Quais são as escolhas que você irá fazer? A Lei da Atração não tem a ver com justo ou injusto, bom ou mau. É apenas o que é (...) não é uma ferramenta de desenvolvimento pessoal, é uma lei do universo com a qual você tem alguma capacidade de interagir, para mudar sua experiência (...).[6]

UMA CONVERSA COM BOB DOYLE: A LEI DA ATRAÇÃO E A ALEATORIEDADE

O que eu considerei questionável na Lei da Atração, quando interpretada no sentido absoluto, é a idéia de que não há acaso, não há "acidentes". Quando procurei Bob e perguntei a ele se achava que a Lei da Atração em última instância implicava que não havia acaso, ele generosamente respondeu:

Doyle: Acaso e mesmo aleatoriedade são termos que usamos para definir circunstâncias que não podemos explicar pela lógica ou pela previsão, mas ainda assim a energia está sempre reagindo de uma forma previsível. Em outras palavras, podemos não prever ou compreender, mas continua a haver uma ciência perfeita, embora seja tão complexa que em muitos casos seria impossível para nós juntar todos os pedaços de coisas com que estamos ressoando de tal forma que o acontecimento "aleatório" se dê.

Bruce: Soa como se você concordasse com certos teóricos do caos que acreditam que há ordem no caos.

Na física de Newton a energia é previsível.

Na mecânica quântica, em geral se aceita que a energia se comporta de uma forma probabilística que não é sempre previsível e é algumas vezes aleatória.

Doyle: Bem, estranhamente, eu também concordo com isso (...) mas continua a depender do que estamos chamando de aleatório. Muitas vezes fico pensando se fomos projetados para ver o Maior de Todos os Quadros, ou se ele está "fora do alcance" da experiência humana.

Nossa percepção pode ser sempre a de que há verdadeira aleatoriedade nos acontecimentos, mas minha opinião ainda é a de que há alguma ordem divina. Só não sei se um dia iremos provar ou demonstrar isso de modo científico.

Isso me lembrou minha citação predileta de Jeff Satinover, cujo perfil apresentei em um livro anterior:[7]

Seja absoluto acaso ou absoluta vontade (...) Ambos são igualmente misteriosos em suas explicações. Na verdade, nem mesmo são isso: *Não passam de termos para algo além de nosso alcance. Você poderia muito bem chamar de Tao – ou de Ralph.*[8]

Einstein estava convencido de que "Deus não joga dados", enquanto seu colega Niels Bohr, o poderoso chefão da física de partículas e da mecânica quântica, é citado como tendo dito: "Einstein, pare de dizer a Deus o que fazer."[9]

11
Entrevista com Bill Harris

> A maior parte do "mercado espiritual" é voltada para mágica e mito pré-racionais; como você atinge o pequeno grupo envolvido em práticas espirituais legítimas, trabalhosas, exigentes e transracionais? É muito difícil, porque os dois mercados são classificados de "espiritual" (...) e em geral eles condenam um ao outro (...).[1]
>
> Ken Wilber, filósofo

Eu tive muita sorte de conhecer o impressionante Bill Harris e alguns outros membros do Transformational Leadership Council durante um documentário filmado em 2007. Eis aqui uma breve conversa que eu tive por e-mail com Bill, que já foi apresentado neste livro como um dos líderes do movimento de desenvolvimento pessoal e como um dos palestrantes presentes no filme/livro *O Segredo*.

O Segredo

Harris: Quanto a *O Segredo*, aqueles com alguma inteligência (Ken Wilber, por exemplo) o consideram pensamento mágico pré-convencional [isto é, primitivo]. A realidade é muito mais mundana: quando você se concentra em algo, você tem idéias sobre como fazer aquilo acontecer, você percebe recursos que antes não tinha percebido e que poderiam ajudá-lo, ganha motivação para agir, desenvolve qualidades internas de que pode precisar, como imaginação, coragem, persistência, entusiasmo e assim por diante. Então, você acaba agindo de alguma forma. E no fim sua ação criou alguma espécie de valor (isto é, se você quer algo de valor em retorno).

A Lei da Atração

Harris: Algumas das afirmações de Rhonda não são exatamente o que você poderia chamar de respeitadas na comunidade científica. Ela apenas habilidosamente criou algo que cativou a imaginação de todas as pobres almas que querem desesperadamente acreditar que há alguma espécie de magia que irá ajudá-las a conseguir o que querem sem terem de pagar o preço para conseguir.

Bruce: Como você definiria a Lei da Atração?

Harris: A Lei da Atração nada mais é que a afirmação de que pensamentos e atos têm conseqüências. Misturadas a essas conseqüências há outras conseqüências criadas pelos pensamentos e atos de outras pessoas, acontecimentos naturais (o clima, pessoas nascendo e morrendo e assim por diante). Se você se concentrar no que quer, agir para conseguir, mudar seus atos quando for necessário (por causa dos atos de outras pessoas, a interferência de acontecimentos naturais etc.) e for persistente, há uma grande probabilidade de você conseguir o que quer.

Bruce: Quando eu ouço a Lei da Atração sendo citada em termos absolutos, acho que isso prejudica a informação producente dada por todos os palestrantes. "Tudo o que acontece em sua vida é em função de como você está vibrando." Isso me choca como sendo uma crença absolutamente determinista. Ironicamente, o determinismo é uma filosofia diametralmente oposta ao clima "sinta-se bem" que permeia *O Segredo*! Ademais, uma visão absolutista da Lei da Atração parece negar a existência de acaso ou aleatoriedade, o que é um desafio aberto à ciência. O acaso é um dos fundamentos da ciência. A ciência está errada?

ALEATORIEDADE

Harris: É evidente que há aleatoriedade no universo. Teoria geral dos sistemas, cibernética, desequilíbrio termodinâmico, teoria dos autômatos, teoria da catástrofe, teoria dos sistemas autopoiéticos, teoria dos sistemas dinâmicos e teoria do caos, entre outras, todas elas provaram que boa parte do desenvolvimento do universo se dá por intermédio de mecanismos baseados na probabilidade.

Algumas das pessoas que falam sobre a Lei da Atração são, como já discutimos, pensadores mágicos – pensadores pré-racionais, pré-convencionais, não têm a capacidade mental de discernir como o universo funciona. Alguns deles podem acreditar que não há aleatoriedade no universo.

Bruce: Bem, fico feliz de concordarmos que existe aleatoriedade e que *O Segredo* não mandou todo mundo para um bizarro universo paralelo! Eu comecei a pensar se a Lei da Atração não seria uma espécie de bóson não-descoberto ou algo assim! Eu realmente estava tentando imaginar como seriam as coisas se a Lei da Atração fosse tão poderosa e mensurável quanto a Lei da Gravidade. A mim parecia uma história em quadrinhos assustadora de Rube Goldberg ou ainda pior; um sistema mecanicista, fechado e determinista. Uma cela gigantesca! Saber que o caos e a aleatoriedade são reais é igualmente aterrorizante, mas profundamente libertador.

Há quem tenha sugerido que algumas pessoas realmente poderiam sofrer com o ensinamento da Lei da Atração: "Cerca de 10% dos livros de auto-ajuda são classificados como danosos por profissionais de saúde mental. [*O Segredo*] provavelmente é um deles."[2]

UNIDADE

Bruce: Enquanto estávamos naquele inacreditável iate durante o cruzeiro Make A Change, eu estava atarefada demais com o equipamento do filme para ouvir a maior parte da sua palestra sobre como cultivar uma mente não-dualista, que me soou muito interessante. Pensar dessa forma parece ser algo particularmente difícil para os ocidentais. Você chegou mesmo a mencionar como o conceito de dualismo não existe em alguns idiomas asiáticos, o que eu achei fascinante.

O monismo, isto é, o ideal de que "Tudo é Um", se espalha por todo *O Segredo* e é a base de todas as outras idéias defendidas no filme. Como você discute a unidade de tudo quando fala para seus grupos?

Harris: Basta olhar ao seu redor. Tudo é um grande sistema inter-relacionado. Flores não existem sem abelhas, terra, água, dióxido de carbono ou luz do sol, o que exige estar em certo tipo de planeta a certa distância de certo tipo de estrela etc. etc. Podemos começar com você e fazer o mesmo tipo de inter-relação. Tudo depende de e está ligado a tudo mais. Isso não é metafísica. Você só precisa olhar ao redor.

Por trás disso há algo que está no fundo de tudo – alguns chegaram a chamar de "a base do ser". É como a parte branca da página, que não tem informação mas é fundamental para o livro e para o texto. Ou poderíamos falar sobre o espaço que é necessário para que os objetos existam. Não há "nada" ali, mas sem isso os sólidos não poderiam existir. É uma das razões pelas quais os budistas dizem: "forma é nada, nada é forma". Forma e nada surgem juntos. Seguem juntos. (Lembre-se de que eu disse que TUDO segue junto, e isso inclui o nada.)

Finalmente, sua mente o impede de ver como tudo se junta, porque quer dividir tudo em coisas e acontecimentos separados. Mas onde uma "coisa" termina e outra começa? (Pense novamente na abelha e na flor – as divisões são arbitrárias; tudo é uma coisa só.) Alan Watts costumava dizer que uma coisa é uma "idéia" – a parcela do todo que você decidiu arrancar com sua mente naquele momento. Todas essas divisões ocorrem em sua mente, não na realidade, da mesma forma como a fronteira entre os Estados Unidos e o Canadá é uma linha IMAGINÁRIA. A maior divisão ilusória é a que permite que você crie um eu separado, como se Alexandra fosse um ego separado em um aglomerado de pele.

Uma das coisas mais irritantes (Ken Wilber também concorda com isso) é usar a física quântica para provar diversos tipos de magia. O nível quântico é o nível mais fundamental do universo, mas o mais baixo em termos de desenvolvimento.

A "Unidade" sobre a qual estamos falando ocorre nos níveis mais altos de desenvolvimento (e bem além do pensamento mágico pré-convencional). Aqueles que usam a física para "provar" aquilo em que querem acreditar espiritualmente estão no caminho errado e parecem muito tolos aos verdadeiros cientistas.

Se você quiser mais informação sobre como essa coisa de "unidade" funciona, eu sugeriria ler *Sex, Ecology, Spirituality*, de Ken Wilber,[3] ou fazer um dos meus cursos on-line. Você pode ouvir uma aula grátis em http://www.centerpointe.com/life/preview.

Mas o livro de Ken e meu curso não são fáceis. O livro

tem quase oitocentas páginas, e os três cursos on-line são concluídos em 18 meses. Porém, ambos são fascinantes.

Bruce: Bill, você tem alguma idéia sobre como construir uma ponte entre os monistas e o contingente abraâmico do planeta (cristãos, judeus e muçulmanos) que acredita que Deus é distinto da Criação e, portanto, "Tudo NÃO é Um" e que realmente há um conjunto de fenômenos na existência que é "NÃO Deus"? Do ponto de vista da pura lógica é impossível conceber uma coisa como o "universo" a não ser que você *seja* monista.

Estou certa de que, após vários anos de experiência com uma clientela variada, você descobriu uma forma diplomática de preencher as lacunas ideológicas aparentemente incomensuráveis que existem em sua base de clientes, e seria maravilhoso se isso pudesse ocorrer no planeta como um todo... Quem quer que pudesse construir uma ponte entre os monistas e os dualistas ganharia zilhões de dólares e finalmente poria um fim a todo esse banho de sangue religioso.

Harris: Eu esqueceria todos os fundamentalistas do mundo. Eles estão muito confusos. São pessoas como Wilber que realmente têm uma visão clara do que diabos está acontecendo. Eu anexei um resumo de fácil leitura do último livro de Ken, *The Integral Vision*.[4]

Bruce: Obrigada pelo livro! Mal posso esperar para ler! Acho que você não tem muitos fundamentalistas em seus seminários! Talvez Esther "Abraham" Hicks estivesse na trilha certa quando "eles" disseram:

Você não está aqui para consertar um mundo quebrado. Ele não está quebrado. Você está aqui para levar uma vida maravilhosa. E se você puder aprender a relaxar um pouco e deixar isso acontecer, começará a perceber que o universo presenteia você com tudo aquilo que pediu.[5]

12
Ken Wilber: a complicada questão de criar sua própria realidade

> De fato, você está criando o universo a cada momento, mas não é o "você" que você pensa (...).
>
> Ken Wilber, boletim informativo *Integral Naked*

Ken Wilber é autor de mais de trinta livros e hoje um dos mais importantes pensadores dos Estados Unidos. Ele é o fundador do Integral Institute, em Boulder, Colorado, que busca incorporar o melhor da ciência, engenharia, espiritualidade, filosofia e todos os maiores empreendimentos e realizações humanos e integrá-los em uma visão de mundo baseada em soluções, aplicando-a aos muitos tipos de problema diferentes que o mundo enfrenta. "Integral" significa completo, inclusivo, equilibrado, não-excludente.

Integral Naked

Eis abaixo o artigo "The Tricky Business of Creating Your Own Reality", publicado no boletim informativo on-line

Integral Naked, do Integral Institute, que é uma apresentação geral de uma conversa entre Ken e o psicoterapeuta e instrutor de ioga Julian Walker sobre os prós e os contras do filme *O Segredo*:

> (...) o que pode ser muito complicado na avaliação de uma nova abordagem como *O Segredo* é que à primeira vista ela pode parecer muito inocente, mesmo que carecendo de qualquer tipo de profundidade crítica. Se está ajudando pessoas a se sentirem mais fortes e terem uma visão positiva de suas vidas, qual o problema? Bem, o problema é que não é uma abordagem sólida, com espaço para melhoramento, é uma forma fundamentalmente confusa de compreensão da realidade que compreende errado e distorce as genuínas verdades que intui (...)
>
> Como em qualquer esquema "você cria sua própria realidade", *O Segredo* fracassa no que poderia ser chamado de "o teste Auschwitz". Segundo *O Segredo*, todos que foram mortos em Auschwitz – ou Ruanda, ou Darfur – criaram eles mesmos aquela realidade, portanto eles são culpados pelo destino que tiveram. Por razões óbvias, essa postura é tão despropositada quanto indefensável.
>
> Ensinando que o mundo quase que literalmente gira ao redor de você, *O Segredo* encoraja e fortalece o narcisismo. Em psicologia do desenvolvimento, o narcisismo não significa uma obsessão perniciosa com pensar apenas em si mesmo, significa que você *não consegue* pensar em si mesmo. Simplesmente não há a capacidade de

consciência pela reflexão pessoal. O mundo inteiro e todas as pessoas são simplesmente uma *extensão* de você, e você é literalmente incapaz de se colocar na posição de outro ser humano. Isso não é união mística, isso é fusão pré-racional, e sem a capacidade de compreender o ponto de vista de outros seres sencientes, desaparece toda a base da ética.

De fato, *você está* criando o universo a cada momento, mas não é o "você" que você pensa. De acordo com as grandes tradições contemplativas, toda pessoa tem pelo menos dois *self*: o *self* finito, temporal e egoístico, e o *self* infinito, transcendental e inqualificável, a idéia do EU SOU. Seu *self*, seu EU SOU, de fato está crescendo com todo o cosmo radiante agora e a todo momento, mas O Segredo ensina que seu *self separado* tem o poder de pessoalmente materializar um carro novo, ganhar na loteria ou curar o câncer (...) e simplesmente não é assim que as coisas funcionam.

"A Lei da Atração" *é verdadeira* – no que ela diz. O problema é que O Segredo pega essa peça relativamente pequena do quebra-cabeça e a transforma em *todo* o quebra-cabeça. A postura positiva *vai* mudar sua vida, e suas intenções *vão* colaborar na criação de sua realidade, mas também a química cerebral, o nível de desenvolvimento interior, relacionamentos familiares, desastres naturais, tendências culturais, estrutura de linguagem, toxinas ambientais e, basicamente, os caprichos da sorte.

Em desenvolvimento, se a pessoa usa uma medida que começa em *arcaico* e segue por *mágico, mítico, racional, pluralista, integral* e *superintegral*, O Segredo ensina as estruturas de pensamento mágico que eram o auge da humanidade há centenas de milhares de anos. Como Ken explica, O Segredo encoraja um "processo de raciocínio primário" infantil, que pode aparecer na forma da "lei da atração" (isto é, se uma coisa preta é ruim, então todas as coisas pretas são ruins) e da "lei do contágio" (isto é, se aquele homem em especial é poderoso, então uma mecha do seu cabelo também deve ser poderosa).

É importante compreender como *elementos psicológicos de sombra* inconscientes moldam e afetam a experiência da pessoa, e como O Segredo pode agitar, alienar, reprimir ou – talvez ainda mais preocupante – atuar sobre esses elementos difusos de consciência.

A gênese da *falácia pré/trans* ou *pré/pós*, e como O Segredo é um exemplo perfeito de elevar impulsos pré-racionais infantis em glória espiritual transracional. Simplesmente porque as duas categorias de experiência são *não*-racionais, podem ser facilmente confundidas, e freqüentemente são.

O que há de extraordinário sobre este diálogo é que, apesar de todas as críticas que Ken e Julian fazem a O Segredo, não há intenção de uma agressão ou um ataque maldoso. Como ficou evidente por sua inacreditável popularidade, há milhões de pessoas que, em sua busca de sentido, estão *sedentas* por algo que não é a religião tradicional nem a ciência moderna. Usando uma abordagem integral a pessoa é capaz de descobrir o que novas ofertas como O Segredo têm para colocar na mesa, e avaliar de boa-fé quais realmente são seus pontos fortes e suas fraquezas. Para curar e alimentar cada alma que ousa buscar "algo mais" – e para o que consideramos ser o *verdadeiro* Segredo de transformação e felicidade humana –, recomendamos uma *Prática de Vida Integral* e uma *Espiritualidade Integral*, unificando Corpo, Mente e Espírito em *self*, Cultura e Natureza.[1]

O último livro de Wilber, *The Integral Vision*, é um resumo de sua obra, e altamente recomendado por Bill Harris e por mim.

SÍNTESE

Então, aí está. Nós investigamos um amplo espectro de crenças e métodos para melhorar a vida humana, desde aqueles que dizem que a melhor abordagem é se sintonizar na "energia de quem você realmente é", em vez de perder tempo com uma "forma medíocre voltada para a ação", até a abordagem integralista mais sólida, embora mais trabalhosa, estudada neste capítulo e apresentada longamente nos muitos livros de Wilber.

Acho que há algum valor em todas as visões apresentadas aqui, mesmo naquelas dos fundamentalistas raivosos, e sou muito grata por ter tido a oportunidade de estudar as obras de todos os professores que citei.

Conclusão
POR QUE *O SEGREDO* FEZ TANTO SUCESSO?

> Em um nível ético, *O Segredo* parece lamentável. Ele lida quase que exclusivamente com um pequeno leque de preocupações de classe média – casas, carros e férias, seguidas por saúde e relacionamentos, com o restante da humanidade em um distante sexto lugar (...).
>
> Jerry Adler, *Newsweek*

O Segredo mal tinha sido lançado e se ergueu uma onda de críticas comparável ao sucesso do fenômeno, algumas delas válidas e outras marcadas por questões pessoais de cada crítico.

Eu passei por vários estágios em meu próprio relacionamento com o conteúdo de *O Segredo*, sendo o primeiro a completa rejeição, e o segundo, buscar o que servia ou não a mim nos métodos dos palestrantes retratados. Este é o ponto em que estou agora. O estágio seguinte será eu me dispor fervorosamente a colocar em prática o que eu aprendi e – *voilà*! Me tornar "um sucesso"!

Muitas pessoas nunca superam o estágio de rejeição, elas adoram atacar a maldade de *O Segredo*. Na verdade é muito engraçado. Minha sobrinha britânica me enviou um e-mail: "Eu nunca ouvi falar de *O Segredo* (...) talvez não seja grande coisa na Inglaterra! Disseram que é um livro de auto-ajuda e que rendeu muito dinheiro! Eu odeio auto-ajuda, acho que hoje em dia há gente demais com uma noção muito exagerada do *self*. Mas espero que o livro esteja indo bem!"

Eu respondi brincando: "Sim, auto-ajuda é um conceito extremamente americano. As pessoas de culturas medievais estão contentes em ter seu 'quinhão da vida'..."

A verdade é que em novembro de 2006 a visão que eu tinha de *O Segredo* era semelhante à de minha sobrinha, quando eu comecei a ler e-mails repassados com *links* para uma avalanche de trechos do filme enviados por amigos que queriam saber minha reação. Minha primeira resposta foi: "Qualquer coisa que se inspire na cadeia de restaurantes Olive Garden é um lixo. Mas espere!!! Quanto mais eu vejo essa coisa mais acho que é a melhor coisa desde *Borat*!"

Felizmente eu compreendi que minha reação era um mecanismo de defesa contra a assustadora perspectiva de minha própria transformação pessoal...

Continue tentando até ter sucesso

Não há dúvidas quanto a isso. Os americanos são obcecados por sucesso. Eles são ainda mais obcecados por sucesso do que por aquela peculiar cláusula sobre a "busca da felicidade" tão singularmente inscrita no manifesto primal do país.

O ano em que *O Segredo* foi publicado foi marcado por uma profusão histórica de celebridades se arruinando. "Astros" que supostamente tinham chegado ao "topo" se imolaram em aterrorizantes e impressionantes desempenhos. Essa odisséia trágica é o triste clichê que se abate sobre tantos que buscam "conquistar" a América.

Poderia ser dito que o "fracasso" é uma obsessão nacional tão grande quanto o "sucesso". Surgiu todo um gênero de *reality-shows* em que estrelas decadentes do showbiz são pagas para viver juntas em casas e se envolverem em uma "realidade" artificial. Algumas carreiras foram inacreditavelmente retomadas: graças a Deus que existe uma espécie de segunda chance nos Estados Unidos e este é um lugar em que a bilionária Martha Stewart, libertada de uma prisão federal, pode retornar à cozinha de seu estúdio de TV e continuar a nos mostrar o que é "viver".

De meu próprio poleiro, em um dos epicentros da riqueza e do "sucesso" americanos – nas enseadas rasas da área de praia de Nova York conhecida como Hamptons –, eu olho ao meu redor e só posso concluir que "sucesso" freqüentemente é o outro lado da moeda de "aversão a si mesmo".

As casas, as Maseratis, o silicone nos lábios e as camisetas de 100 dólares são apenas uma tentativa de criar uma fortaleza impenetrável, protegendo cada "história de sucesso" da realidade em que está. A aversão a si mesmo, seja negada, invertida ou deslocada, sai de cada poro desta população. Na verdade, eles são apenas americanos normais; seres humanos aterrorizados que nunca acham que são "bons o bastante".

Resumindo, apesar de todos os nossos confortos relativos, conseguir sanidade e saúde é uma batalha encarniçada em nossa civilização em especial, e "sucesso" se tornou um conceito cada vez mais confuso. Está claro que são necessárias novas definições do que constitui "sucesso". Eu aconselho os leitores deste livro a se afastarem dos televisores e das revistas de fofoca para buscar respostas e inventar suas próprias definições de sucesso para VOCÊS.

Os seminários e livros dos professores retratados em *O Segredo*, assim como os de outros luminares relacionados no final deste livro, são ótimos pontos de partida.

REPRISE DOS ANOS DOURADOS

A crescente distância econômica entre os super-ricos e todos os outros nos Estados Unidos é mais parecida com a distribuição de riqueza na época dos magnatas ladrões do final do século XIX do que com a infância, em meados do século XX, dos compradores do filme/livro *O Segredo*. Isso foi uma das razões pelas quais o mercado americano estava tão ansioso por *O Segredo* em 2007

Na resenha de Daniel Gross para o *New York Times* sobre o novo livro de Robert H. Frank, *Falling Behind: How Rising Inequality Harms the Middle Class*, ele afirma:

Desvendando O Segredo

A ascensão de uma supraclasse (...) está indiretamente afetando a qualidade de vida do restante da população, e não de uma forma boa (...) [a excessiva riqueza de alguns] não apenas deixa o americano típico roxo de inveja e, portanto, infeliz; em vez disso, argumenta Frank, o problema é que o excesso de consumo (...) ajuda a estabelecer normas para a sociedade como um todo, não apenas para [os] plutocratas.

(...) desde 1979 os ganhos fluíram de forma desproporcional para aqueles no topo (...) o 1% mais rico da população viu sua parcela na renda nacional passar de 8,2% em 1980 para 17,4% em 2005 – até mesmo os apenas ricos estão precisando se esforçar só para manter o padrão. "Com a renda continuando a aumentar no alto e mantendo-se estagnada no restante da pirâmide social, cada vez mais veremos uma parcela cada vez maior de nossa renda nacional destinada a bens de luxo, o que terá como principal efeito elevar o padrão que define o que é luxo."[2]

Embora o padrão de vida geral nos Estados Unidos seja supostamente maior do que nunca, não espanta que nessa recentemente apelidada "Era dos Ricos", em que muitas fortunas multibilionárias foram criadas quase que da noite para o dia, bem em frente aos nossos olhos, todos queiram um pedaço dela. Eu passei a chamar esse fenômeno de "riqueza tóxica".

Quando é comum pagar aos principais executivos dezenas de milhões de dólares por ano e um administrador de fundo de *hedge* faturar um bilhão por ano, aqueles com alguns poucos milhões acham que sua riqueza acumulada é ridícula, reflexo de seu baixo *status* nesses novos Anos Dourados, em que centenas de milhares de pessoas acumularam fortunas muito mais vastas.[3]

Sucesso é uma coisa, dinheiro é outra, e alegria uma terceira, mas tudo isso se fundiu na psique americana, e é exatamente essa fusão que é perpetuada e explorada por *O Segredo*. Nossa confusão cultural quanto a esses temas é tão bem manipulada por alguns dos professores de *O Segredo* que eu só posso esperar que não seja consciente; certamente não surpreende que haja cínicos que consideram toda a indústria da auto-ajuda uma enorme fraude.

O Nostradamus da América

Por mais mistificador que nosso atual atoleiro cultural pareça aos nossos trinta segundos de atenção, há aqueles que previram este cenário há trinta anos, e um proeminente pensador anteviu essa realidade mais de 150 anos atrás.

Em *A democracia na América*, publicado em 1835, Alexis de Tocqueville escreveu sobre o Novo Mundo e sua imatura ordem democrática. Em comparação com o sistema aristocrático, os Estados Unidos eram uma sociedade em que ganhar dinheiro era o *ethos* dominante e em que o homem comum desfrutava de um grau de dignidade sem precedentes no Velho Mundo. Na América, o trabalho duro e o dinheiro dominavam as mentes de todos, e o que ele descreveu como um "crasso individualismo" e o capitalismo de mercado tinham se enraizado de forma impressionante.

> Na Europa, alegou Tocqueville, ninguém se preocupava em ganhar dinheiro. As classes mais baixas não tinham esperança de ganhar mais do que o mínimo, enquanto as classes superiores consideravam grosseiro, vulgar e indigno de sua parte se preocupar com algo tão inconveniente quanto dinheiro; muitos tinham a riqueza praticamente garantida e a consideravam natural.[4]

A CULTURA DO NARCISISMO

Uma obra genial igualmente presciente é o livro de 1979 de Christopher Lasch, *Cultura do narcisismo*, um levantamento impressionante de todas as pequenas coisas que estão muito erradas em nossa civilização. Alguns dos valores ofensivos que Lasch destaca são aqueles aos quais os piores momentos de O *Segredo* apelam diretamente.

Em seu livro, Lasch pesquisa por que as neuroses mais comuns definidas por Freud no século XIX se transformaram em outras totalmente diferentes nos Estados Unidos do século XX.

Por que as lendárias fobias e "doenças nervosas" resultantes de "energia sexual reprimida" tinham sido substituídas por casos de vagas insatisfações com a vida e violentas oscilações na auto-estima? As questões que Lasch apresentou diziam respeito essencialmente à natureza da sociedade que tinha produzido o narcisismo como o tipo principal de personalidade limítrofe.

> É uma sociedade em que os relacionamentos hierárquicos [são] expressos em símbolos de riqueza material e estilo de vida hedonista (que, afinal, sugerem a existência de meios de sustentar tal estilo de vida) (...).
> [O] relacionamento com os outros é determinado pela competição para obter esses símbolos: os relacionamentos interpessoais se tornam meios para isso (...) a sociedade se torna uma ferramenta para promover ao mesmo tempo a cooperação e a competição impiedosa (...) toda atividade humana é subordinada à conquista dos símbolos da riqueza material (...).
> Conseqüentemente, nesta sociedade, toda comunidade real (isto é, família, profissão) é abalada ou destruída – o indivíduo é completamente atomizado. Em vez de comunidades reais, comunidades artificiais são criadas na tentativa, fracassada, de recriar os relacionamentos sociais transparentes e previsíveis que desapareceram junto com as comunidades nas quais floresceram. Finalmente, não há passado (já que a continuidade da história foi rompida) e não há futuro (por causa da incerteza) nesta sociedade.[5]

Lasch queria que acreditássemos que os americanos estão em uma competição hedonista e inútil em que vence quem morrer com mais brinquedos – e provavelmente ele está em parte certo.

Lasch também não poupou de críticas o movimento de auto-ajuda. Ele argumentou que, em vez de liberar a personalidade ou ajudar o indivíduo a compreender o mundo e a sociedade ao redor de si, o movimento de autoconsciência serviu para reforçar a ansiedade do indivíduo e a despersonalização dos relacionamentos sociais. Em suas próprias palavras:

> A importância de tais programas, porém, não está tanto em seus objetivos quanto na ansiedade à qual eles apelam e na visão de realidade que os define – a percepção de que o sucesso depende de manipulação psicológica e que tudo na vida, mesmo o âmbito do trabalho, fortemente orientado para a conquista, está centrado na luta por ter vantagens com as pessoas, o jogo mortal de intimidar amigos e seduzir pessoas.[6]

Por mais que eu seja fã do tanto de paixão e verdade que existe no ataque infernal de Lasch, suas visões são excessivamente soturnas e não oferecem solução alguma para esta paisagem psicológica horrorosa.

Eu digo, assim como os palestrantes em *O Segredo*, que nós PODEMOS escolher nosso sistema de valores, e que isso pode começar com algo pequeno como trocar sentimentos de falta do que NÃO temos por sentimentos de gratidão pelo que TEMOS. Essa é uma experiência rápida e quase mágica

– embora na verdade seja fruto de uma série de reações químicas no cérebro. Aquela "mágica" momentânea precisa ser sustentada por um conjunto de práticas, sejam elas espirituais, físicas ou, o que é o ideal, ambas, que irão sustentar o estado de felicidade do cérebro/corpo/espírito. Os profissionais de auto-ajuda mais experientes dirão a você que pode exigir muito esforço, anos, apenas para reprogramar você. Mas se você está cansado de conseguir os mesmos resultados, provavelmente vale a pena mudar seus métodos.

Uma coisa interessante na abordagem chinesa de medicina e saúde é o de estar sempre dando passos para apoiar seu "Chi", ou força vital. Não tem a ver com prevenir doenças, tem a ver com sempre escolher o que é bom para você. Você vê milhões de pessoas na China acordando de manhã bem antes do horário do trabalho para se reunir nas praças públicas e fazer exercícios de Tai Chi. Em muitos sentidos a saúde está embebida na cultura chinesa, de um modo que não acontece no Ocidente.

Então, o que aconteceu com a felicidade?

O que aconteceu com a "busca da felicidade"? O escritor Darrin McMahon se tornou um especialista mundial no tema com o livro *Felicidade: Uma história*,[7] que acompanha a evolução desse estado ilusório, cuja busca é fundamentalmente autorizada a todos os americanos... Mas a felicidade passou a ser vista quase como uma obrigação.

No estudo feito por McMahon dos ideais de felicidade na cultura ocidental, dos antigos gregos até o presente, descobrimos que a busca por ela não foi a regra.

> É "uma das deliciosas ironias da história" que a "afirmação de Marx de que não apenas devemos desfrutar dos frutos de nosso trabalho, mas que o próprio trabalho deve ser nosso fruto, seja hoje um princípio central do credo capitalista".[8]

Em síntese, a felicidade é uma criação, é muito instável e, no fim das contas, é algo que cabe a cada um de nós (e a todos) escolher – ou recusar.

O BARDO

Budistas tibetanos usam a palavra *bardo* para descrever estados de transição entre dois outros estados, como o "bardo do sonho", que fica entre a consciência desperta e o estado de sonho, e o "bardo da morte",[9] entre a vida e a morte. Alucinações aterrorizantes são uma característica comum dos bardos, que fundamentalmente representam os medos da pessoa.

Acho que, para muitos espectadores, *O Segredo* representa uma espécie de bardo ou de passagem entre a vida que conhecem e a vida que poderiam ter. Acho que grande parte das críticas que eu e outros nos apressamos a fazer a *O Segredo* é resultado de quão desafiadores e ameaçadores podem ser os ensinamentos desse filme para nossa imagem pessoal e nossos sentimentos sobre as escolhas que fizemos em nossas vidas.

As pessoas continuarão a sabotar a mensagem de *O Segredo* e seus mensageiros (e a si mesmas) até estarem em paz com o conhecimento de que é uma questão de escolha pessoal se querem deixar claro para si mesmas o que realmente esperam da vida, tomar as providências necessárias para atingir suas metas e como vão reagir às circunstâncias ao longo do caminho.

Revendendo o sonho americano aos americanos

Sendo neófita nos mundos de desenvolvimento espiritual e auto-ajuda, Rhonda cometeu algumas grandes gafes, mas eu de fato passei a considerar a imaturidade de Rhonda como positiva quando me dei conta de há quão pouco tempo ela tinha se deparado com o Novo Pensamento americano e as idéias da auto-ajuda, e com que rapidez ela tinha conseguido inspirar sua equipe de produção australiana a criar este filme, baseado em idéias que não eram exatamente a favor daqueles de baixo.

Rhonda é a primeira a admitir que é uma recém-chegada ao mundo do Novo Pensamento e do crescimento pessoal, classificando sua relativa falta de experiência na área como uma vantagem: "Às vezes, menos informação é melhor!".[10] É inquestionável que sua empolgação com os ideais em parte esquecidos do Novo Pensamento e sua obstinada aplicação e sucesso em utilizá-los deu nova energia aos negócios de um número incontável de especialistas em motivação, levando uma auto-ajuda altamente eficaz a uma platéia mundial mais ampla que nunca.

Aquela equipe ousou sonhar que poderia conseguir um sucesso local, mas em vez disso enfrentou a endêmica resistência cultural ao estilo britânico àquele "desprezível lixo de auto-ajuda". No final, foi nos Estados Unidos que eles acabaram fazendo um estrondoso sucesso, vendendo o sonho americano de volta aos americanos.

Por que *O Segredo* estourou nos Estados Unidos? A resposta provável para esta pergunta é que, após cinco anos de uma guerra cansativa e de uma liderança política execrável, os americanos queriam seu sonho de volta.

SEM DESCULPAS

A comercialização massiva de complexos conceitos metafísicos pode levar a uma mensagem distorcida, por maior que seja o esforço daqueles que a transmitem, especialmente se eles não tiverem uma profunda compreensão deles. Eu partilho da preocupação de outras pessoas de que muitos dos pronunciamentos de Rhonda são marcados pelo mesmo tipo de pensamento mágico superficial e equivocado que atormentou o movimento Nova Era desde seu início.

Contudo, eu não vou permitir que nenhuma falha involuntária me impeça de ser inspirada pelos poderosos ensinamentos que ela e outros professores têm a transmitir. Não vou deixar que a superficialidade ultrapassada de alguém me impeça de ser mais grata por aquilo a que tenho acesso e de melhorar minha disposição geral. Não vou permitir que meu desapontamento com certas afirmações rasas feitas por alguns dos professores me impeça de perceber como eu mesma nem sempre fiz afirmações brilhantes, e como eu posso escolher ver as coisas de modo diferente e falar delas com uma luz mais poderosa. Não vou permitir que o fato de eu ter valores diferentes daqueles de alguns dos professores me impeça de colocar em prática suas boas idéias e tornar minha vida mais agradável.

Acredite a pessoa ou não em uma vida após a morte linear, no Céu ou no Inferno, ou reencarnada em outra pessoa – ou acontecendo simultaneamente em uma infinidade de universos paralelos –, o excesso de sofrimento não parece necessário, a não ser que você queira esse tipo de coisa!

Há algumas desculpas para as pessoas não aproveitarem o que está sendo oferecido por *O Segredo*, principalmente quando essas desculpas reforçam sua auto-sabotagem inconsciente. Cabe a cada indivíduo decidir se vai ou não permitir que afirmações estúpidas de outros, obscenidades grosseiras ou o penteado de alguém se coloquem no caminho de seu fortalecimento pessoal. Qual a desculpa que você vai usar para impedi-lo de ter uma vida que ama, sem reservas?

O SEGREDO ESTÁ BEM DEBAIXO DO SEU NARIZ

Muitos críticos argumentaram que "não havia segredo" em *O Segredo*, mas, tendo passado muito tempo pensando nisso, eu diria que o acesso ao crescimento pessoal é um segredo que se esconde em campo aberto. A prática integrada de gratidão, clareza de propósitos e manutenção de uma postura positiva pode transformar toda vida, e é gratuita para quem reservar tempo para realmente cuidar de si mesmo e realmente praticar essas coisas.

Embora muitas pessoas possam compreender intelectualmente os benefícios dessas práticas, nem todos realmente as aplicam (por resistência inconsciente, auto-sabotagem ou falta de informação sobre quais práticas atenderiam a suas necessidades particulares). O pleno efeito dessas práticas, portanto, permanecerá relativamente desconhecido ou "secreto" para o mundo em geral.

Outros livros e sites

Livros de fortalecimento pessoal

ASSARAF, John. *Having It All: Achieving Your Life's Goals and Dreams*, Atria, 2007.

ATTWOOD, Janet. *The Passion Test: The Effortless Path to Discovering Your Destiny*, Hudson Street Press, 2007.

BECKWITH, Michael. *40 Days Mind Fast Soul Feast*, Agape Publishing, 2000.

CANFIELD, Jack. *The Success Principles™: How to Get From Where You Are to Where You Want to Be*, Collins, 2006.

DEMARTINI, John. *The Breakthrough Experience: A Revolutionary New Approach to Personal Transformation*, Hay House, 2002.

DIAMOND, Marie. *The Very Simple Law of Attraction: Find Out What You Realy Want From Life... And Get It!*, Burman Books, 2007.

DOOLEY, Mike. *Notes From to Universe: New Perspecives fom an Old Friend*, Atria Books, 2007.

DOYLE, Bob. *Wealth Beyond Reason*, Trafford Publishing.

DWOSKIN, Hale (com Jake Canfield). *The Sedona Method: Your Key to Lasting Happiness, Success, Peace and Emotional Well-Being*, Sedona Press, 2003.

EMERY, Stuart. *Success Built to Last: Creating a Life that Matters*, Plume, 2007.

GOODMAN, Morris. *The Miracle Man: The Inspiring Story of the Human Spirit*, Simon & Schuster, 1985.

GRAY, John. *Men Are From Mars, Women Are from Venus: The Classic Guide to Understanding the Opposite Sex*, Harper Paperbacks, 2004.

HARRIS, Bill. *Thresholds of the Mind*, Centerpointe Press, 2002.

HOLMES, Chet. *The Ultimate Sales Machine: Turbocharge Your Business with Relentless Focus on 12 Key Strategies*, Portfolio Hardcover, 2007.

LANGEMEIER, Loral. *The Millionaire Maker: Act, Think, and Make Money the Way the Wealthy Do*, McGraw-Hill, 2005.

LEVINSON, Jay Conrad. *Guerrilla Marketing: Easy and Inexpensive Strategies for Making Big Profits From Your Small Business*, 4. ed., Houghton Mifflin.

NICHOLS, Lisa. *Chicken Soup for the African American Woman's Soul*, HCI, 2006.

PROCTOR, Bob. *You Were Born Rich: Now You Can Discover and Develop Those Riches*, LifeSuccess Productions, 1997.

RAY, James Arthur. *The Science of Success: How to Attract Prosperity and Create Harmonic Wealth Through Proven Principles*, Sun Ark Press, 1999.

SHIMOFF, Marci (com Carol Kline). *Happy for No Reason: 7 Steps to Being Happy from the Inside Out*, Free Press, 2008.

VITALE, Joe (com Bob Proctor). *Spiritual Marketing: A Proven 5-Step Formula For Easily Creating Wealth from the Inside Out*, 1st Books Library, 2001.

WAITLEY, Denins. *The Psychology of Winning*, Berkley, 1986.

WILBER, Ken. *The Integral Vision: A Very Short Introduction to the Revolutionary Integral Approach to Life, God, the Universe, and Everything*, Shambhala, 2007

_____. *Sex, Ecology, Spirituality, The Spirit of Evolution, Second Edition*, Shambhala, 2001.

WOLF, Fred Alan. *Dr. Quantum's Little Book of Big Ideas: Where Science Meets Spirit*, Moment Point Press, 2005.

SITES RELACIONADOS

Abraham-Hicks Publications
http://www.abraham-hicks.com

Agape Live (Culto de Michael Beckwith)
http://www.agapelive.com

Bob Proctor: LifeSuccess Productions
http://www.bobproctor.com

Bill Harris: Centerpointe Research Institute
http://www.centerpointe.com

Dr. Demartini.com
http://www.drdemartini.com

Fred Alan Wolf: "Dr. Quantum"
http://www.fredalanwolf.com

Janet Attwood: Enlightened Alliances (Alianças Iluminadas)
http://www.enlightenedalliances.com

Jay Levinson: Marketing de guerrilha
http://www.gmarketing.com

Jack Canfield: O Orientador de Sucesso da América
http://www.jackcanfield.com

James Arthur Ray: "Equilíbrio que nada! Só harmonia traz felicidade e verdadeira riqueza."
http://jamesray.com

Joe Vitale é... Mr. Fire
http://www.mrfire.com

John Assaraf: Mais dinheiro. Mais vida. Mais amor.
http://www.johnassaraf.com

Ken Wilber
http://www.kenwilber.com e http://www.integralinstitute.org

Lisa Nichols: "A professora da Lei da Atração em *O Segredo*"
http://www.lisa-nichols.com

Loral Langemeier: "Nós produzimos milionários"
http://www.liveoutloud.com

Marci Shimoff, palestrante e escritora
http://www.marcishimoff.com

Marie Diamond, dicas de decoração: Feng Shui
http://www.mariediamond.com

Morris Goodman, "The Miracle Man" (O Homem Milagre)
http://www.themiracleman.org

O Método Sedona oficial
http://www.sedona.com

Site oficial do TUT's Adventurer's Club (Clube de Aventuras TUT)
http://www.tut.com

Success Built to Last (Sucesso construído para durar)
http://www.successbuilttolast.com

O Método Chet Holmes
http://www.chetholmes.com

Waitley Institute
http://www.waitley.com

Wealth Beyond Reason (Riqueza além da Razão): A verdade sobre a Lei da Atração
http://www.wealthbeyondreason.com

O mundo de John Gray
http://www.marsvenus.com

Livros do Novo Pensamento

ALLEN, James. *As a Man Thinket,* Wildside Press, 2005.

CADY, Emilie. *The Complete Works of Emilie Cady,* Unity School of Christianity, 2004.

EDDY, Mary Baker. *Science and Health with Key to the Scriptures,* Indypubliching.com [1875], 2002.

EMERSON, Ralph Waldo. *The Essays of Ralph Waldo Emerson (Collected Works of Ralph Waldo Emerson),* Belknap Press, 2006.

FILLMORE, Charles. *Prosperity* e *Atom-Smashing Power of the Mind,* Unity Classic Library, 2006.

FILLMORE, Myrtle. *Healing Letters,* Unity Classic Library, 2005.

HAANEL, Charles. *The Master Key System,* Filiquarian Publishing, LLC, 2006.

HILL, Napoleon. *Think and Grow Rich [Restored and Revised],* Aventine Press, 2004.

HOPKINS, Emma Curtis. *Scientific Christian Mental Practice,* Cosimo Classics, 2007.

JENSE, Brad. *Prosperity, Step-by-Step: The Secret of the Universe*, Booksurge Publishing, 2007.

MANN, Mildred. *How to Find Your Real Self*, Society of Pragmatic Mysticism, 1952.

MULFORD, Prentice. *Thoughts are Things*, bnpublishing.com, 2007.

_____. *The White Cross Library: Your Forces and How To Use Them*, F.J. Needham, 1902.

PEALE, Norman Vincent. *Norman Vincent Peale: Three Complete Books: The Power of Positive Thinking; The Positive Principle Today; Enthusiasm Makes the Difference*, Wings, 1992.

QUIMBY, Phineas. *The Quimby Manuscripts*, Cosimo Classics, 2007.

SMITH, Arthur Preston. *The Power of Thought to Heal: An Ontology of Personal Faith* (tese de doutorado), Claremont, 1998.

TOWNE, Elizabeth. *Life Power and How to Use It*, Wilder Publications, 2007.

Novo Pensamento na Internet

Site do movimento Novo Pensamento
http://www.websyte.com/alan/index.htm

Livros de Física Quântica

DAVIES, P.C.W. *The Ghost in the Atom: A Discussion of the Mysteries of Quantum Physics*, Cambridge University Press, 1986.

FEYNMAN, Richard. *QED: The Strange Theory of Light and Matter*, Princeton University Press, 1985.

GREENE, Brian. *The Elegant Universe: Superstrings, Hidden Dimensions, and the Quest for the Ultimate Theory,* Vintage, 2000.

GOSWAMI, Amit. *The Self-Aware Universe,* Tarcher, 1995.

HAWKING, Stephen. *A Brief History of Time: The Updated and Expanded Tenth Anniversary Edition,* Bantam, 1998.

HEISENBERG, Werner. *Physics and Philosophy: Encounters and Conversations,* Harper and Row, 1958.

HERBERT, Nick. *Quantum Reality: Beyond the New Physics,* Anchor Books, 1987.

KAKU, Michio. *Hyperspace: A Scientific Odyssey Through Parallel Universes, Tme Warps, and the 10th Dimension,* Anchor Books, 1995.

MCFARLANE, Thomas. The Illusion of Materialism: How Quantum Physics Contradicts the Belief in an Objective World Existing Independent of Observation. *Center Voice: The Newsletter of the Center for Sacred Sciences.* Verão-outono de 1999.

PENROSE, Roger. *The Road to Reality: A Complete Guide to the Laws of the Universe,* Knopf, 2005.

SATINOVER, Jeffrey. *The Quantum Brain: The Search for Freedom and the Next Generation of Man,* Wiley, 2002.

ZUKAV, Gary. *The Dancing Wu Li Masters,* Bantam Books, 1990.

Física Quântica na Internet

Heisenberg e a incerteza: www.aip.org/history/heisenberg

A medição na mecânica quântica: Perguntas freqüentes, por Paul Budnik: www.mtnmath.com/faq/meas-qm.html

The Particle Adventure: Um *tour* interativo entre partículas e forças fundamentais. Lawrence Berkeley National Laboratory: www.particleadventure.org

Discussions with Einstein on Epistemological Problems in Atomic Physics, Niels Bohr (1949): www.marxists.org/reference/subject/philosophy/works/dk/bohr.htm

The History of Quantum Theory, Werner Heisenberg (1958): www.marxists.org/reference/subject/philosophy/works/ge/heisenb2.htm

The Copenhagen Interpretation of Quantum Theory, Werner Heisenberg (1958): www.marxists.org/reference/subject/philosophy/works/ge/heisenb3.htm

The Illusion of Materialism, por Thomas McFarlane: www.integralscience.org/materialism/materialism.html

Quantum Future
http://quantumfuture.net/quantum-_future

Livros de misticismo, teosofia e alquimia

BLAVATSKY, Helena Petrovna. *The Secret Doctrine.* Publicado originalmente em 1888.Quest Books, reedição.

CAYCE, Edgar Evans e CAYCE, Hugh Lynn. *Edgar Cayce on Atlantis,* Warner Books, 1988 (reedição).

CHURCHWARD, James. *The Children of Mu,* Brotherhood of Life, 1988 (reimpressão).

FULCANELLI. *The Dwelling of the Philosophers,* Archive Press & Communications, 1999.

GURDJIEFF, G. I. *Meetings With Remarkable Men (Arkana S.),* Penguin Books, 1969 (nova edição).

KHARITIDI, Olga. *Entering the Circle: Ancient Secrets of Siberian Wisdom Discovered by a Russian Psychiatrist,* HarperSanFrancisco, 1997.

KRISHNAMURTI, Jiddu. *Freedom from the Known*, HarperSanFrancisco, 1975.

OUSPENSKY, P. D. *In Search of the Miraculous Fragments of an Unknown Teaching*, Harvest/HBJ Book, 2001 (nova edição).

VELIKOVSKY, Immanuel. *Worlds in Collision*, Pocket, 1974 (reedição).

LIVROS PSICOGRAFADOS

ANÔNIMO. *The Urantia Book*, Urantia Foundation [1995]. Reedição em capa dura, 2000.

MARCINIAK, Barbara. *Bringers of the Dawn: Teachings from the Pleiadians*, Bear & Company, 1992.

_____. *Earth: Pleiadian Keys to the Living Library*, Bear & Company, 1994.

ROBERTS, Jane, *The Nature of Personal Reality: Specific, Practical Techniques for Solving Everyday Problems and Enriching the Life You Know*, Amber-Allen Publishing, 1994 (reimpressão).

_____. *Seth Speaks: The Eternal Validity of the Soul*, Amber-Allen Publishing, 1994 (reimpressão).

ROYAL, Lyssa e PRIEST, Keith. *The Prysm of Lyra: An Exploration of Human Galactic Heritage*, Light Technology Publications, 1993 (edição revista).

SCHUCMAN, Helen. *A Course in Miracles*, Course in Miracles Society, 1972.

PSICOGRAFIA NA INTERNET

The Cassiopaean Experiment:
http://www.cassiopaea.com

Notas

Capítulo 1 – O negócio de *O segredo*

1. http://thesecret.tv/behind-the-secret-making-of.html
2. Canfield. J., maio de 2007, "The Time 100 People Who Shape Our World", *Time*.
3. Para ter uma idéia de *Quem somos nós?*, ver meu livro de 2006, *Além de Quem somos nós*.
4. Ressner, J., 28 de dezembro de 2006, "The Secret of Success", *Time*.
5. http://www.emeraldforest.com/vividawhitepaper.pdf
6. Memmott, C., 14 de fevereiro de 2007, "'Secret' attracts plenty of attention", *USA Today*.
7. Steinmetz, M., abril de 2007, "'The Secret' is Out (of Stock)", *Book Business*.
8. Salkin, A., 25 de fevereiro de 2007, "Shaking Riches Out of the Cosmos", *New York Times*, seção 9, p. 1.
9. Ibid.
10. Declaração de Jerry e Esther sobre "The Secret", http://abrahamhicks.meetup.com/70/boards/view/viewthread?thread-2283719

Capítulo 2 – O movimento Novo Pensamento

1. Adler, J., 5 de março de 2007, "Decoding 'The Secret'", *Newsweek*.
2. Wattles, W., 1910, *A ciência de ficar rico*.
3. Melanson, T., 11 de abril de 2007, *Oprah Winfrey, New Thought, "The Secret" and the "New Alchemy"*, conspiracyarchive.com (redigido e editado com autorização de Terry Melanson).
4. http://www.thesecret.tv/pastteachers.html
5. Tradução da Tábua Esmeralda por Isaac Newton: http://en.wikipedia.org/wiki/Emerald_Tablet
6. http://prenticemulford.wwwhubs.com
7. The College of Divine Metaphysics: http://www.divinemetaphysics.org/Metaphysics.html
8. http://charleshaanel.wwwhubs.com
9. Site da Agape: http://www.agapelive.com
10. Site da Igreja Unitarista de Fort Worth, Texas: http://www.unityfortworth.org/leadership.html

Capítulo 3 – Abraham e Lei da Atração

1. Abraham MP3: http://www.avragam-hicks.com/MP#downloads.php
2. Ensinamentos de Abraham: http://www.abraham-hicks.com
3. Transcrição editada de vídeo colocado no YouTube: http://www.youtube.com/profile?user=AbrahamHicks
4. Hicks, E. e J., 2007. *The Astonishing Power of Emotions* (Hay House).
5. Bruce, A., 2005. *Beyond the Bleep: The Unauthorized Guide to What The Bleep Do We Know!?* (The Disinformation Company).
6. Salkin, A., 25 de fevereiro de 2007, "Shaking Riches Out of the Cosmos", *New York Times*, seção 9, p. 1.

Capítulo 4 – O pelotão de *Canja de Galinha*

1. Hughes, D. "An Interview with Jack Canfield, Co-Author of *Chicken Soup for the Soul*", Share Guide Holistic Health Magazine & Resource Directory: http://www.shareguide.com/Canfield3.html
2. © Jack Canfield. Adaptado de *The Success Principles: How to Get From Where You Are to Where You Want to Be*, de Jack Canfield com Janet Switzer (HarperResource, 2005; ISBN: 0-06-059488-8). Jack Canfield, o Orientador de Sucesso da América, é fundador e criador da bilionária série de livros *Canja de galinha para a alma* e principal autoridade dos Estados Unidos em Alto Desempenho. Se você estiver pronto para recomeçar sua vida, ganhar mais dinheiro e ter mais diversão e prazer em tudo o que faz, receba as dicas de sucesso *grátis* de Jack Canfield, agora em http://www.JackCanfield.com
3. *Chicken Soup for African-American Soul*: http://www.africanamericansoul.com/african-americanwomans-soul.htm
4. CNN, transcrições, 8 de março de 2007, http://transcripts.cnn.com/TRANSCRIPTS/0703/08/lkl.01.html
5. Lisa Nichols. Motivating the Teen Spirit: http://www.lisanichols.com/lisa_nichols/speaking_topics.htm
6. *Jamaica Observer*, 13 de agosto de 2006, http://www.jamaicaobserver.com/lifestyle/html/20060812t210000_111117_obs_warm___hearty_.asp
7. http://www.lisa-nichols.com/oprah/specialreport.pdf
8. Marci Shimoff, *Happy for No Reason*: http://www.marcishimoff.com/hapyfornoreason.html

Capítulo 5 – Os conselheiros de riqueza de *O Segredo*

1. http://lighthousecoaching.thesgrprogram.com
2. Seminários Crie Sucesso: http://www.homcreek.com/bobproctor.html
3. Dinheiro fácil: http://lighthousecoaching.thesgrprogram.com.
4. http://www.empoweredwealth.com/new_logo.html
5. Uma conversa com Loral Langemeier em http://www.audiomotivation.com
6. Site de Langemeier: http://www.liveoutloud.com/aboutpurposeandvalues.php
7. Op. cit. http://www.liveoutloud.com/pressreleases/050707.php
8. Uma conversa com Loral Langemeier em http://www.audiomotivation.com
9. Site de John Assaraf: http://www.onecoach.com/Public/AboutUs/index.cfm
10. http://thephantomwriters.com/free_content/d/a/key-2-outstanding-results-shtml
11. http://www.tradingedge.com.au/About_david.asp
12. Ibid.
13. Martin, G. e Puthenpurackal, J., "Imitation is the Sincerest Form of Flattery: Warren Buffett and Berkshire Hathaway", disponível em http://www.fma.org/Chicago/Papers/Imitation_Is_the_Sincerest_Form_of_Flattery.pdf
14. Buffett freqüentemente é identificado como "o oráculo de Omaha" por viver há muito tempo em Omaha, Nebraska, Estados Unidos.
15. Post de David Schirmer de 24 de maio de 2007 no fórum *The Secret*: http://thesecret.powerfulintentions.com/forum/thesecret/message-view/17289062

16. http://www.youtube.com/watch?v=CM1tGHOkgdA&mode=related&search=
17. http://www.youtube.com/watch?v=C-hG8y-Jnuc

Capítulo 6 – Tecnologia mental

1. Make a Change Personal Discovery Journeys: http://www.makeachangejourneys.com
2. Site de Bill Harris: http://www.centerpointe.com/centerpointe/?gclid=CN3Y_12yl44CFRHzgodik0FXA
3. Ibid.
4. Haines, D., 2007, 7. ed., *Neuroanatomy: An Atlas of Structures, Sections, and Systems* (Lippincott Williams & Wilkins).
5. Para mais informações sobre Hemi-Sync, visite o site do Monroe Institute em: http://www.monroeinstitute.com
6. http://www.buzzle.com/editorials/8-9-2005-74548.asp
7. The Masters of The Secret with Bill Harris (Os mestres de *O Segredo*, com Bill Harris), http://www.themastersofthesecret.com
8. Dvoskin, H. 2003. *The Sedona Method: Your Key to Lasting Happiness, Success, Peace and Emotional Well-being*, p. 6.
9. Op. cit., p. 14.
10. http://www.sedona.com/html/about-us-and-sedonamethod.aspx
11. http://www.sedona.com/html/Scientific-Evidence.aspx
12. http://sedona.com/html/Endorsements.aspx
13. http://www.waitley.com/Catalog.cfm
14. Reproduzido com autorização da *Weekly Ezine*, de Denis Waitley. Para assinar a *Weekly Ezine*, entre em www.deniswaitley.com ou mande um e-mail com o assunto *Join*

para subscribe@deniswaitley.com. Copyright © 2005 Denis Waitley International. Direitos internacionais reservados. http://www.waitley.com/Three%Rules%20for%20Truning%20Stress%20Into%20Success.pdf

Capítulo 7 – A ciência de *O Segredo*

1. Byrne, R., 2006, *The Secret* (Atria Books/Beyond Words), p. 156.
2. Wolf, F.A., 2004, *The Yoga of Time Travel: How Can the Mind Defeat Time* (Quest Books), p. 116.
3. Op. cit., p. 13-14.
4. Op. cit., p. 197.
5. Op. cit., p. 209.
6. Site pessoal de Hagelin: http://hagelin.org
7. Occhiogrosso, p., 1996, *The Joy of Sects: A Spirited Guide to the World's Religious Traditions* (Doubleday), p. 66.
8. Gunzberger, R., 4 de novembro de 2000, "Presidency 2000: John S. Hagelin of Iowa: Natural Law Party Nominee", http://www.politics1.com/nlp2k.htm
9. Pueschel, M., julho de 2000, "Vedic Medicine, Meditation Receive Federal Funds", http://www.usmedicine.com
10. http://www.drdemartini.com/pages/about.html
11. http://www.drdemartini.com/pages/breakthrough.html
12. http://www.drdemartini.com/newsletter/December_Newsletter_Questionaire.htm
13. http://www.drdemartini.com/pages/about.html
14. Adler, J., 5 de março de 2007, "Decoding 'The Secret'", *Newsweek*.
15. Site de Fred Alan Wolf: http://www.fredalanwolf.com/page5.htm
16. Wolf, F.A., 2004, *The Yoga of Time Travel: How the Mind Can Defeat Time* (Quest Books), p. 154-156.

17. Boletim informativo *What the Bleep*: 13 de maio de 2005. The Bleeping Herald, vol.1, n. 1. http://www.whatthebleep.com/herald/issue1-quandaries.shtml

CAPÍTULO 8 – A MÁGICA DE *O SEGREDO*

1. Institute of Balanced and Integrated Spirituality: http://www.ibis.org
2. Site de James Ray: http://jamesray.com/about-james-ray.php
3. Keynote Speakers, Inc. http://www.keynotespeakers.com/speaker_detail.asp?id=1046
4. Site de James Ray: http://jamesray.com/about-james-ray.php
5. Intitute of Balanced and Integrated Spirituality: http://www.ibis.org/v1/modern-magick.php
6. Free Republic Chatboard: http://209.157.64.200/focus/f-religion/1787493/posts
7. Op. cit. 02/19/2007 7:53:59 PM PST by Gal.5:1 (destaques da autora deste livro).
8. Institute of Balanced and Integrated Spirituality: http://www.ibis.org
9. Ibid.
10. Law of Attracion Secrets (Os segredos da Lei da Atração): http://lawofattractionsecrets.com/blog/category/hooponopono
11. Site de Mike Dooley: http://www.tut.com/mike_dooley_bio.htm
12. Site de Mike Dooley: http://www.tut.com/nftu.htm
13. Clayton, E., dezembro de 2002, "Interview of Mike Dooley", *Weight Watchers Magazine* (Austrália).
14. Site de Mike Dooley: http://www.tut.com/mike_dooley_bio.htm

15. Clayton, E., dezembro de 2002, "Interview of Mike Dooley", *Weight Watchers Magazine* (Austrália).
16. Site de Marie Diamond:
http://info.mariediamond.com/intro_inner.htm
17. Site de Marie Diamond:
http://info.mariediamond.com/intro_diamond.htm

Capítulo 9 – O cristianismo e *O Segredo*

1. Anderson, K., 2007, "The False Teaching of 'The Secret'", Probe.org.
2. CNN Transcripts, 8 de março de 2007, http://transcripts.cnn.com/TRANSCRIPTS/0703/08/lkl.01.html
3. Wise, R., 2007, "The Secret: Creating One's Reality", Probe.org.
4. http://en.wikipedia.org/wiki/Unity_Church
5. Site de Neale Donald Walsch:
http://www.nealdonaldwalsch.com/aboutneale.cfm
6. http://www.shareguide.com/Walsch.html
7. Parte dos parágrafos anterior e posterior foi adaptado de material publicado no site da Wikipedia:
http://en.wikipedia.org/wiki/Neale_Donald_Walsch
8. Hay, V., "Neale Donald Walsch: author of bestselling *Conversations with God*, Exclusive Interview", intouchmag.com.
9. Crianças índigo é uma expressão usada no movimento Nova Era para designar crianças que supostamente representam uma nova evolução da raça humana, tendo atributos paranormais, como a capacidade de ler mentes.

    O conceito de criança índigo foi apresentado pela primeira vez em 1999 no livro *Crianças Índigo: Crianças muito especiais estão chegando!*, escrito pelo casal Lee Carroll e Jan Tober. Carroll insiste que o conceito foi transmitido em uma conversa com uma entidade espiritual conhecida como Kryon.

Não há um consenso universal quanto à razão para a utilização do adjetivo "índigo": algumas fontes o ligam a uma antiga pesquisadora do fenômeno, que era sinestésica. Alega-se também que essas crianças surgem com uma aura da cor do índigo.

Adaptado da Wikipedia: http://en.wikipedia.org/wiki/Indigo_children

10. Wise, R., 1995, "Unity School of Christianity", World Religions Index, http://wri.leaderu.com
11. Wise, R., 2007, "The Secret: Creating One's Reality", Probe.org.
12. Site da Association for Global New Thought: http://www.agnt.org
13. Bruce, A., *Beyond the Bleep* (The Disinformation Company)
14. Site de *Prayer of Jabez*: http://www.prayerofjabez.com/BreakthroughPages/JabezPage.html
15. Wilkinson, B., 2000, *The Prayer of Jabez: Breaking Through to the Blessed Life* (Moltnomah), p. 15-16.
16. Mulholland, J., novembro de 2001, *Religion & Ethics Newsweekly*, http://www.pbs.org/wnet/religionandethics/week509/feature.html

CAPÍTULO 10 – O DEBATE SOBRE A LEI DA ATRAÇÃO

1. http://www.wealthbeyondreason.com/mystory.html
2. Doyle, B., 2006, *Wealth Beyond Reason* (Trafford Publishing).
3. http://www.holistichealthtools.com/growrich.html
4. Bloom, W., junho de 2007, "Does Everyone Really Create Their Own Reality?", http://www.williambloom.com
5. Essa é uma transcrição editada que eu fiz do vídeo de Doyle, postado em http://www.wealthbeyondreason.com/bobresponds.html

6. Op. cit.
7. Bruce, A. *Beyond the Bleep: The Definitive Unautorized Guide to What the Bleep Do We Know!?* (The Disinformation Company), p. 202.
8. Satinover, J., 2001, *The Quantum Brain* (Wiley & Sons), p. 217 (grifo meu).
9. http://en.wikipedia.org/wiki/Niels_Bohr

Capítulo 11 – Entrevista com Bill Harris

1. Wilber, K., 2000, *One Taste*, 2. ed. revisada, p. 104 (Shambhala).
2. Norcross, J., citado por Adler, J., 5 de março de 2007, "Decoding 'The Secret'", *Newsweek*.
3. Wilber, K., 2001, *Sex, Ecology, Spitituality: The Spirit of Evolution*, 2. ed. (Shambhala).
4. Wilber, K., 2007, *The Integral Vision: A Very Short Introduction to the Revolutionary Integral Approach to Life, God, the Universe, and Everything* (Comentário da autora: é absolutamente fascinante! Comprem!).
5. Ensinamentos de Abraham: http://www.abraham-hicks.com/teachings.php

Capítulo 12 – Ken Wilber: a questão complicada de criar sua própria realidade

1. Walker, J. e Wilber, K., "Exploring 'The Secret'. Part 1. The Tricky Business of Creating Your Own Reality", revista *Integral Naked*, http://www.integralinstitute.org/talk.aspx?ide=858 (os grifos são do *webmaster*).

Conclusão – Por que *O Segredo* fez tanto sucesso?

1. Gross, D., 5 de agosto de 2007, "Thy Neighbor's Stash", *New York Times*.
2. Rivlin, G., 5 de agosto de 2007, "In Silicon Valley, Millionaires Who Don't Feel Rich", *New York Times*.
3. http://en.wikipedia.org/wiki/Alexis_de_Tocqueville
4. James, D., resenha do livro *The Culture of Narcisism: American Life in an Age of Diminishing Expectations,* no site do CTPDC Counseling Training Centre of Liverpool, RU.
5. Lasch, C., maio de 1991, *The Culture of Narcisism: American Life in an Era of Diminishing Expectations* (W. W. Norton & Company), ed. Ver., p. 66.
6. McMahon, D., 2005, *Happiness: A History* (Atlantic Monthly Press).
7. Nimue Ackerman, F., 2006, "Ode to Joy", *Washington Post*.
8. Fremantle, F., 2001, *Luminous Emptiness: Understanding the Tibetan Book of the Dead* (Shambhala), p. 62-64.
9. Byrne, R., 2006, *The Secret* (Atria Books/Beyond Words), p. 135.

ÍNDICE

A
A Course in Miracles (ACIM) 42
A Manifesto of Peace 50
A New Jesus 32
Abd al-Qadir al-Jilani *ver também* Tábua Esmeralda
Abraham *também* Abraham-Hicks, *ver também* Hicks, Esther
Addington INTA Archives 39
Adler, Jerry 189
Agape 49-51
Agrippa, Cornélio 35
Albert, David 128
Alegria 47, 56, 67, 194
Aleatoriedade 171-173, 177-178
Allahabad, universidade 115
Alquimia 43-44, 46
Amazônia 134
Amazon.com 19, 20, 22, 28, 138
Amoco 72
Amor 8, 31, 38, 120, 122
Anderson, Arthur 83
Anderson, Kerby 147
Andes 134
Annapolis 101
Anos dourados 192-194
Anticristo 133-134
Antigos mestres de *O Segredo* 42-44
AOL 144
Apollo, astronautas da 100-101, 102
Arábia Saudita 139
Aristóteles 43
Ariyarante 50
Arte de conceder, oficinas 42, 58, 83, 135, 136
Ascendentes 136
Ashland, Oregon 150, 151
Ásia 139
Assaraf, John 84-86, 96, 144
Associação do Novo Pensamento Global 39
Associação das Igrejas Unitaristas 39
Astonishing Power of Emotions: Let Your Emotions Be Your Guide, The 58-61
Atria Books 24

Attractor Factor, The 136
Atualismo 97
Aurobindo, Sri 39
Auschwitz 184
Austin, Texas 137
Austrália 87
Autofonix 92

B
Bacon, Francis 39
Bahá'i, fé 152
Bailey, Alice A. 39
Bamboo.com 85
Bank of America 101
Batistas 117, 53
Bardo 199-200
Barnum, P. T. 137
Beckwith, Michael Bernard 29, 49-51, 77, 96, 148
Beethoven, Ludwig van 43
Being Your Very Best 77
Belfast, Maine 33
Bélgica 144
Bell, Alexander Graham 43
Bennet, J. G. 39
Berkshire Hathaway 87
Besant, Annie 39
Beyond Words 23
Bíblia/doutrina bíblica 36, 134, 153, 158
Black, Cynthia 23-24
Blavatsky, Helena Petrovna 39
Boeing Aircraft 130
Bohm, postulado da variável oculta de 126

Bohr, Niels 126, 173
Book of Urantia 40
Borat 190
Boston, Massachussetts 35, 36, 37, 139
Boulder, Colorado 183
Bountiful, Utah 78
Bow, New Hampshire 40
The Breakthrough Experience 118-125
Bristol-Myers Squibb 72, 99
Brotons, Salvador 91
Brower, Lee 78-80
Buchanan, Pat 114
Buda 43
Budismo/budistas 31, 36, 43, 153, 154, 179, 199
Buffet, Warren 87
Bull Computer 99
Burkmar, Lucius 33
Bush, George W. 20
Buying Trances: A New Psychology of Sales and Marketing 137
Buzzle.com 95
Byrne, Rhonda 7, 14, 17, 18, 20-22, 24- 26, 28, 29, 33, 62, 64, 68, 102, 132,

C
Caixas automáticos 83
Campbell, Joseph 43
Canadá 76, 180
Canfield, Jack 20, 64-68, 72, 77, 96, 99, 144, 158

Canja de galinha para a alma 20, 64, 66, 99, 144, 158
Carnegie, fórmula/segredo 41
Carnegie, Andrew 41
Cayce, Edgar 39
Center for Spiritual Awareness 39
Centerpointe Research Institute 91
CERN 114
Chardin, Pierre Teilhard de 39
Chase Manhattan Bank 99
Chemical Bank 99
Chevron 83
Chi Kung 137
China 198
Cristo 134, 147, 153
Christian Science Journal, The 35
Christian Science Monitor, The 38
Chrysler 101
Ciência cristã 35, 40-41
Ciência de ficar rico, A 18, 29, 30-32, 63, 77, 102
Clayton, Emma 143
Coleman, Johnnie 42
College of Divine Metaphysics 47
Collier, Robert 29, 43
Collyer, dr. 33
Communion with God 149
Concourse of Wisdom School of Philosophy 120
Consciência 15, 34, 44, 48, 55, 59, 61-62, 93-94, 108, 109, 111-113, 115, 155, 164, 169, 185, 186, 197, 199
Constructive Science: The Personal Power Course 32

Conversando com Deus 149-154
Conselho dos Trinta e Três 41
Count Your Own Blessings: The Healing Power of Gratitude and Love 124
Covey Leadership Center 130
Covey, Franklin 83
Covey, Steven 130
Cramer, Jim 82
Cramer, John G. 126-128
Create Harmonic Wealth Through Proven Principles 131
Cresci, Sydney 8
Criando a própria realidade 59-60, 108, 125, 162, 164-171, 183-187
Cristianismo 31, 32, 42, 147-159
Cultos 36, 50, 51, 117, 153, 154, 207
Cultura do narcisismo 195
Cumpridor de promessas 156
Cura 34, 35, 111, 118, 138, 155, 167, 185, 186
Cura mental 34
Curr, Judith 24, 27
Curtis, Emma 35
Czerny, Henry 152

D
Dalai Lama 50
Darfur, 166
Darien, Connecticut 155
Davidson, Richard J. 90
Demartini, John 75, 118-125
Descartes, René 31
Descendentes 136

Diamond, Marie 144-146
Dinheiro 30, 57, 79, 82, 84, 123, 129, 135, 141, 164, 190, 194, 195
Disney World 138
Divindade do Homem 38
Dogma 150, 154-155
Dooley, Mike 138-144
Doyle, Bob 7, 161-164, 168, 171-172
Dresser, Julius A. 34
Dupont 83
Dwoskin, Hale 96-100

E
Eddy, Mary Baker 34, 35, 38, 40
Edison, Thomas 43
Egito 44, 135
Einstein, Albert 43, 173
Emerson, Ralph Waldo 31
Emoto, Masaru 23
Empowered Wealth 78-80
Entrepreneurial Mindset 130
Era dos Ricos 193
Era do Iluminismo 32
Escrita hipnótica 137
Escudo de Defesa Védico 116
Espírito da Mãe Sagrada 36
Espiritualidade 50, 149-150, 152, 165, 183
Esteem Group 72
Eternidade 57, 158
Everett, postulado dos mundos paralelos 126
Exxon 98

F
FAA 99
Falling Behind: How Rising Inequality Harms the Middle Class 192
Family Empowered Bank 79
Fé 33, 37, 134, 147, 149, 152, 153, 156, 167
Federal Express 101
Felicidade 17, 50, 57, 73, 74, 187, 198-199
Feng Shui 144-145
Fillmore, Charles 22
Fillmore, Myrtle 22
Findhorn, Comunidade 39
Física 107, 108, 109, 113, 115, 125, 172, 173
Física nuclear 114
Física quântica 107-111, 115, 119, 125-128, 180
Fit-A-Rita 138
Ford, Henry 43, 101
40-Day Mind Fast Soul Feast 50
Fox, Emma 35
França 117
Frank, Robert H. 192
Free Republic 133, 136
Freud, Sigmund 195
Frontier Nutritional Research 137
Fundamentalistas 32, 51, 148, 154, 158, 181, 187

G
Gallwey, W. Timothy 143
Gandhi, Arun 50

Gandhi, Mohandas K. 50
Gates, Bill 49
General Motors 72
Gift, The 90
Gizé, planalto de 44
Global Country of World Peace 115
Global Union of Scientists 114
Glover, George Washington 40
Gnosticismo 152
Goldwag, Arthur 36
Governo de Paz dos Estados Unidos 114-117
Goswami, Amit 111
Grande Escola de Mestres 41
Grande Pirâmide 40
Gratidão 50, 70, 102, 197, 203
Gray, John 144
Greatest Money-Making Secret in History!, The 136
Gross, Daniel 192
Gurdjieff, G. I. 39

H

Haanel, Charles F. 29, 38, 41, 47-49
Hagelin, John 108, 114-117, 125,
Hall, Manly 40
Hameroff, Stuart 111
Hansen, Mark Victor 64
Happy for No Reason: Seven Steps to Being Happier Right Now 72-74
Harmonic Wealth 130
Harry Potter 13, 136
Hawaiian State Hospital 138

Harvard 49, 99, 111, 114
Health Communications Inc (HCI) 65
Heart of Love: How to Go Beyond Fantasy to Find the True Relationship Fulfillment, The 124
Heart of The Secret, The 74
Hegel, Georg 31
Heindel, Max 40
Hemi-Sync 94
Hermes Trimegisto 43, 46
Hermetismo 153
Hew Len, Ihaleakala 138
Hicks, Esther, *ver também* Abraham 15, 25-28, 53-62, 68, 181-182, 207
Hicks, Jerry 26, 27, 53-55, 58
Hidden Messages of Water 23
Hill, Napoleon 41, 54, 76-77
Hinduísmo 36, 153
Hollywood 23, 144
Holmes, Ernest 35
Holosync 90-95
Home Depot 83
Home With God: In a Life That Never Ends 149
Hong Kong 139
Hopkins Metaphysical Association 35
Hopkins, Emma Curtis 35
How to Be a Genius: The Science of Being Great 32
How to Energize Your Marriage 32
How to Make One Hell of a Profit and Still Get to Heaven 124

Hubbard, Barbara Marx 40
Hughes, Dennis 65
Hugo, Victor 43
Hunt, Dave 41

I
IBIS (Institute of Balanced and Integrated Spirituality) 132, 134
IBM 19, 101
Igreja da Cientologia 117
Igreja Metodista 32
Igreja Unitarista 21, 22, 36, 42, 47, 50, 148-149, 153, 154
Imaginação, âmbito da 86, 176
Índia 41, 47, 115
Indigo 152
Infinite Possibilities: The Art of Living Your Dreams 142
Inglaterra 33, 190
Inner Diamond Feng Shui 145
Inspired Marketing 137
Institute of Science, Technology and Public Policy 114
Instituto Nacional de Saúde (NIH) 116
Integral 185, 186
Integral Institute 7, 184
Integral Naked 13, 93, 161, 183-184
Integral Vision, The 181, 187
Internacional Society for Advanced Education 101
Internet 16, 18, 19, 22, 25, 28, 49, 66, 77, 98, 102, 104, 118, 142
Iogue 111-113, 115

Ipix Corporation 85
Islamismo 31
Izon, Irene 17

J
Jackson Hot Springs, Oregon
Jesus 134, 159
Jogo interior de tênis, O 143
Journey of Power 129-131
Joy of Working, The 102
Judaísmo 31
Jung, Carl 43, 168

K
Kansas City, Missouri 36
Keller, Helen 40
The Key: The Missing Secret for Attracting Whatever You Want 137
Keynote Speakers, Inc 130
King Jr., Martin Luther 43
Kiyosaki, Rich 81
Knight, JZ 40, 61
Kodak 101
Konwin, Gigi 95
Kosovo 116
Kowloon 139
Krishnamurti, Jiddu 39

L
Langemeier, Loral 80-84
Larry King Live 64, 85, 133, 147
Lasch, Christopher 195-197
Leadbeater, C. W. 39

Lei da Atração 15, 20, 27, 53, 57, 62, 69, 70-72, 102, 108, 125, 141, 145, 161-163, 165, 168-171, 176-178, 185, 186
Lei natural 114-116
Lei védica 116
Leibnitz, Gottfried 31
Lessons in Constructive Science: The Personal Power Course 32
Levenson, Lester 96-98
Lever Brothers 99
Life's Missing Instruction Manual 136
Linfield, universidade 69
LiveOutLoud, Inc. 82
Living from the Overflow 50
Living with Esteem: Becoming a Peak Performer 74
Living Trust 79
Livro de Crônicas 157
Lockheed Martin 117
Lombard, Vince 100
Lord, Francis 35
Los Angeles, Califórnia 49, 50, 51, 69
Luciferianos 40

M
Mack, John 111
Maçonaria 40
Mad Money 82
Magia 111-112, 132, 144, 176, 180
Magnatas ladrões 192
Maharishi Mahesh Yogi 114, 115
Maharishi University of Management 116

Make a Change Personal Discovery Journeys 90
Malnak versus Yogi 117
Maltz, Maxwell 143
Manual for a Perfect Government 115
Marriott 83, 99
Marx, Karl 199
Master Key System, The 38, 41, 47-49
Matéria 111, 113
McClelland, David C., dr. 99
McMahon, Darrin 198
Meditação transcendental 115-117
Mediunidade 61
Melanson, Terry 7, 33
Mente universal 48, 111
Mercury Aviation 91
Merril Lynch 98
Metafísica 35, 36, 47-48, 166, 179
Metaphysical Club 36, 37
Mestres de *O Segredo* 47, 96
Mestres antigos de *O Segredo* 42-44
Michell, Deidre 35-36
Microsoft 49, 101
Millionaire Maker's Guide, The, série 82
Milwaukee, Wisconsin 149
Mission in Comission 77
Misticismo 108, 132
Modern Magick 134-135
Monismo
Monroe, Robert
Monsanto 99
Montgomery, Ruth

Motivações da Manhã de Segunda 141
Mulford, Prentice 29, 46-47
Mulholland, James 158
Mundos paralelos 126, 127, 128
Mutual of New York 99

N
Nasa 100
National Education Center 130
Nautilus 37
Novas revelações, As 149
New Science of Living and Healing, The 32
New Thought Network 39
New York Times 26, 41, 61, 83, 192
Newhart, Bob 100
Newton, Isaac 43, 44, 45, 172
NFL 101
Nichols, Lisa 68-72, 96, 147, 148
Nicoll, Maurice 39
Nightingale, Earl 76, 77, 137
Nightingale-Conant 77, 137
Nova Era, movimento 14, 33-42, 65, 201
Nova Espiritualidade 149-150, 152
Novo Pensamento, movimento 14, 21, 29-42, 46, 47, 154, 155, 200-201

O
Occult Underground, The 34
Ocultismo 14, 39, 132, 133, 154
"Oito Grandes", empresas de contabilidade 139

"The One Major Key for Achieving Outstanding Results" 86
Onda cerebral, tecnologia de 89
OneCouch Business Mastery Program 84
Ontário, Canadá 76
Orçamento de Defesa dos Estados Unidos 117
Orwell, George 133
Ouspensky, P. D. 39

P
Pacific Bell 101
Pai rico, pai pobre 81
Paranóico às avessas 68
Partido Reformista 114
Patterson, James 17
Paz 73, 92, 97, 98, 114-115, 145, 200
Peale, Norman Vincent 41, 42
Penney, J. C. 98
Penrose, Roger 111
Pensando e agindo de uma determinada forma 102
Permissão 58
Perspectiva católica em *O Segredo* 155-159
Phillip Morris 101
Phoenix, Arizona 97
Picoult, Jodi 17
Planck, escala de 111
Platão 43, 111
Pleiadianos 15
Plotino 35
Poder do pensamento positivo, O 41
Poitier, Sidney 17

Polaroid 99
Porfírio 35
Portland, Oregon 24
Postulado transacional 126
Power of Outrageous Marketing, The 137
Practical Spirituality: How to Use Spiritual Power to Create Tangible Results 131
Price Waterhouse 138
Prime Time Productions 18
Primeira Emenda 31
Private Consulting Group 79
Probe Ministries 147
Processo de visão 50
Proctor, Bob 76-78
Psycho-Cybernetics 143

Q
Quadros de visualisação 78
Quantum Consulting Group 130
Quantum Creations: Create Wealth in All Areas of Your Life 131
Quem somos nos? 22, 23, 108
Questionário para a boa forma da vida total 120-124
Quimby, Phineas Parkhurst 33, 34, 35

R
R.E.A.L. (Real Estate as Leverage), oficina 83
Rainone, Bob 7, 22-24
Ramtha 22, 40, 61
Ray, James Arthur 129-132

Realidade 15, 57, 59-60, 108-112, 125, 140, 141-142, 144, 162, 164-171, 183-185, 191, 197
Renascimento 97
ReCreation Foundations, Inc 151
Recruiting Puzzle, The 77
Reese, Della 42
Regra dos Cinco 66
Riad, Arábia Saudita 139
Riqueza, conselheiros de 75-88
Roberts, Jane 39, 54, 143
Rosacruz 40, 117
Ruanda 184

S
Salk, Jonas 101-102
Salkin, Allen 26
San Diego, Califórnia 84
São Francisco, Califórnia 46
Satinover, Jeff 172
Scheele, Paul 144
Schirmer, David 86-88
Schopenhauer, Arthur 31
Schucman, Helen 42
Schuller, Robert 42
Schweitzer, Albert 53
Science of Success: How to Attract Prosperity and Create Harmonic Wealth Through Proven Principles, The 131
SeaDream 90
Sears 72
Sedona, método 96-100
Sedona Training Associates 96
Seeds of Greatness 102

Sete segredos do desempenho superior 131
Seth 39, 54, 143
7 hábitos das pessoas altamente eficazes, Os 130
Seven Lost Secrets of Success, The 137
Sex, Ecology, Spirituality 180
SGR: Science of Getting Rich Seminar 77
Shimoff, Marci 72-74
Silicon Graphics 83
Silva, José 143
Simeona, Morrnah 138
Simon & Schuster 24, 28, 73
SLAC 114
Smith, Murray 84-85
Sonho 16, 68, 70, 72, 86, 111, 123, 132, 139-144, 199, 201
Sonho americano 84, 200-201
Sony 101
Spangler, David 40
Spinoza, Baruch 31, 32, 35
Spiritual Cinema Circle 22
Standard Oil 101
Stanford, universidade 114
Stapp, Henry 113
The Street Kid Company 85
Stewart, Martha 191
Stone, W. Clement 43
Success Puzzle, The 77
Success Series, The 77
Superbowl 101
Svoboda, Tomas 91
Swedenborg, Emanuel 39, 40

T
Tábua Esmeralda 43-45
Tai Chi 96
Templo Universal de Cristo 42
Teoria geral dos sistemas 177
Teosofia 33, 36, 153
Teta, seminários 97
Tocqueville, Alexis de 194
Totally Unique Thoughts 138, 140
Touche Ross 99
Towne, Elizabeth 37
Transformational Leadership Council (TLC) 20, 21, 72, 75, 90, 144, 175
Três regras para transformar stress em sucesso 103-105
Três passos para a Lei da Atração 71
Tropicana 130
Troward, Thomas 43
Trump, Donald 81
TS Productions 19, 23
Twyman, James 152

U
Unidade 37, 44, 178-182
United Religious Science 39
Unity Progressive Council 39
Universal College, Dupleix 47
Universal Foundation for Better Living 39, 42
Universo 31, 38, 44, 57, 71, 111, 112, 141, 143, 145, 146, 153, 156, 162-163, 177-178, 180-182, 183, 185, 202
University of Healing 39

V
Vale do Silício 49
Velho Testamento 157
Verdade 34, 36, 38, 45, 53, 54, 97, 134, 143, 197
Verdadeira riqueza 79-80
Venerável Irmandade da Antiga Índia 41
Viacom 17, 24
Vitale, Joe 136-138
Vividas 19, 23

W
Wait, Wes 91-92
Waitley, Denis 100-105
Walker, Julian 184
Wall Street Journal 83, 101
Walsch, Neale Donald 149-153
Wattles, Wallace D. 29-32, 63, 76, 77, 102
Watts, Alan 180
Wealth Beyond Reason: Your Complete Handbook for Boundless Living 163
Webb, James 34
Westcott, William Wynn 39
Western Union 72
What God Wants 149

White Cross Library 46-47
Wicca 136
Wilber, Ken 7, 8, 13, 93, 161, 175, 180, 181, 183-187
Wilkinson, Bruce H. 156-158
Williamson, Marianne 42
Winfrey, Oprah 21, 24, 36, 42, 70, 133
Wolf, Fred Alan 108-113, 125-128

X
Xamãs 134, 135

Y
Yoga of Time Travel: How the Mind Can Defeat Time, The 109
You Can Have an Amazing Life in Just 60 Days! 124
You On a Diet 17
You Were Born Rich 77
Your Internet Cash Machine 137
YouTube 88

Z
Zero Limits: The Secret Hawaiian System for Wealth 137
Zeta Reticuli 15

Este livro foi composto em Minion,
corpo 11,7/15. Impresso pela Ediouro Gráfica
sobre papel Pólen Soft 70 g/m², em abril de 2008.